崇德向善的引领

新时代公民道德建设
理论文章汇编

中共中央宣传部宣传教育局　编

人民出版社

前　言

　　自 2019 年 10 月中共中央、国务院印发《新时代公民道德建设实施纲要》以来，中央主要新闻媒体和地方新闻媒体围绕新时代公民道德建设，发表了一大批理论解读文章，深刻阐释了新时代公民道德建设的重大意义、重点任务和实践要求。现将部分文章汇集成册，编辑出版。

　　　　　　　　　　　　　　　　　　　2020 年 6 月

目 录
CONTENTS

崇德向善的

引领

推动新时代公民道德建设达到新高度

湖南师范大学　唐凯麟

—

　　适应我国新时代精神文明建设的新形势新要求，党中央、国务院最近印发了《新时代公民道德建设实施纲要》（以下简称《纲要》）。《纲要》科学总结了 2001 年党中央印发《公民道德建设实施纲要》以来所取得的显著成效和实践经验，全面体现了党的十八大以来以习近平同志为核心的党中央高度重视公民道德建设，立根塑魂、正本清源，提出的一系列新思想新举措及所取得的新经验新进展。《纲要》更加突出了公民道德建设的时代性、人民性和实践性，它的颁布是推动我国公民道德建设进入新阶段达到新境界的纲领性文件。《纲要》强调，加强公民道德建设，要坚持目标导向和问题导向相统一。这既是我国公民道德建设长期实践经验的启示，又是在新时代破解新问题、解决新矛盾的必要遵循。认真学习、深入领会、切实贯彻《纲要》精神，全面贯彻落实《纲要》提出的各项举措，对于我国全面建设中国特色社会主义现代化强国，满足人民美好生活的需要，促进社会的全面进步、人的全面发展，具有重大意义。

二

目标的确定是从事任何一项事业的前提和根据，它不仅决定了一项事业的发展方向，也是激发为完成这项事业攻坚克难的动力源泉。只有目标明确坚定，才能唤起人们的斗志，动员人们积极主动地大胆实践，形成一种"不到长城非好汉"的气势和豪情。

道德建设说到底是人的建设，是人的德行的培养和造就。加强新时代公民道德建设，必须聚力于培养造就能够担当民族复兴大任的时代新人。这种时代新人，必须在思想水平、政治觉悟、道德品质、文化素养、精神状况等方面同新时代发展要求相符合。他们能够听从时代的召唤，把自己的本职工作同国家民族的共同理想信念结合起来，作出自己的贡献，实现自己人生的价值。这是公民道德建设的出发点和落脚点，也是我们公民道德建设必须坚持的目标导向。公民道德建设所要进行的一切工作必须聚集于这个目标，脱离或违背这个目标都可能劳而无功甚至误入歧途。

历史证明，每个时代都会造就出每个时代的人，而这个时代的发展又都有赖于这个时代人的担当和奋斗。因此，对于每个人来说，只有顺应历史发展的要求，才能立时代的潮头，做时代的弄潮儿，为国家和人民作出自己的贡献，无愧自己的一生。反之，则会成为时代的落伍者，其生存的意义和价值也就无从谈起，甚至被时代所淘汰。当前我们正处在新科技革命的浪潮之中，全球化、信息化、智能化正在改变着人们的生活方式和生存方式，也引发出所谓"现代化的陷阱"；在国际关系的大变局中，霸权主义、单边主义不断给我们国家民族的发展提出各种严重的挑战；在国内，我国社会主义现代化事业取得了举世瞩目的成就，但改革开放也进入深水区，新情况、新问题、新矛盾不断涌现。这些新的挑战需要我们勇敢面对，把挑战转化为机遇；这些新情况、新问题、新矛盾需要我们认真对待，不断破解并将其转化为发展的动力，这样才能把建设社会主义现代化强国，实现民族复兴的伟大梦想、伟大事业、伟大工程、伟大斗争推向前进。因此，培养担当民族复兴大任的时代新人就成了我们各族人民的历史使命和内在要求。

培养担当民族复兴大任的时代新人，必须坚持以习近平新时代中国特色社会主义思想为指导。习近平新时代中国特色社会主义思想是马克思主义和当代世界发展的大趋势、中国改革开放的伟大实践相结合的产物，是马克思主义中国化的最新成果。坚持习近平新时代中国特色社会主义思想的指导，就是坚持马克思主义的道德观、社会主义的道德观，就能保持公民道德建设的社会主义方向，使担当民族复兴大任的时代新人的培养始终着眼于构筑中国精神、中国价值、中国力量，以促进全体人民在理想信念、价值理念、道德观念上紧密团结在一起，在全民族牢固树立中国特色社会主义共同理想，在社会大力弘扬社会主义核心价值观，积极倡导"富强民主、文明和谐，自由平等、公正法治、爱国敬业、诚信友善"，全面推进社会公德、职业道德、家庭美德、个人品德的建设，持续强化教育引导、实践养成、制度保障、不断提高公民的道德素质，促进人的全面发展。

培养担当民族复兴大任的时代新人，必须坚持以社会主义核心价值观为引领，将国家、社会、个人层面的价值要求贯穿到公民道德建设的各个方面，以主流价值构筑道德规范，强化道德认同，指导道德实践，引导人们明大德、守公德、严私德，做一个勇于奉献、道德高尚的人。

培养担当民族复兴大任的时代新人，必须坚持在继承传统中创新发展，自觉传承中华传统美德，继承我们党领导人民在长期实践中形成的优良传统和革命道德，适应新时代改革开放和社会主义市场经济发展的要求，积极推动创造性转化、创新性发展，使人们在自己的生活和实践中能够立足本来、学习外来、面向未来，能够具有民族复兴大任的深邃的历史意识和博大的文化胸怀。

培养担当民族复兴大任的时代新人，还必须坚持提升人们的道德认知与推动道德实践相结合，尊重人民群众的主体地位，激发人们善良的道德意愿、道德情感，培养正确的道德判断和道德责任，提高道德实践能力尤其是自觉实践能力，引导人们向往和追求讲道德、尊道德、守道德的生活。

总之，实现中华民族伟大复兴是近一百多年来中国人民的强烈愿望和不懈追求。如果说在新中国成立之前这只能是人们的一种美好的梦想，那么新中国成立以后，特别是党的十八大以后，人民当家作主、党的领导和社会主义制度的优越性已经创造了实现这一伟大梦想的现实条件，使这一伟大梦想成为各族人民的现实实践。人民群众是历史的创造者，是从事这一伟大实践的担当者。加强新时代公民道德建设必须适应这一伟大实践的需要，坚定不移地把培养担当民族复兴大任的时代新人作为其鲜明坚定的目标导向。

三

加强新时代公民道德建设，培养担当民族复兴大任的时代新人，是一项长期而紧迫、艰巨而复杂的任务。这是一个进行伟大斗争、建设伟大工程、推进伟大事业、实现伟大梦想的历史实践的过程。因此，在坚持目标导向的同时，还必须坚持问题导向，努力把坚持目标导向和坚持问题导向统一起来。

应该看到，在当代，我们所面临的是现实生活中不断涌现的新情况、新问题、新矛盾，这就注定了新时代公民道德建设必须在面对新情况、解决新问题、破解新矛盾中才能向前推进，担当民族复兴大任的时代新人也只有在面对新情况、解决新问题、破解新矛盾中才能健康成长。因此，在坚持目标导向的同时坚持问题导向，实现两者的统一，就成了保证新时代公民道德建设的时代性、现实性和实效性的必然要求。

第一，要引导人们正确认识和处理价值共识和价值多元的关系。这是公民道德建设中的一个基本问题，也是现实生活必须面对和解决的一个实践问题。随着市场经济的深入发展，中外思想文化交流对话的日益频繁，不同社会阶层社会群体的经济状况和利益诉求必然呈现出明显的差别，人们思想行为的多元多样多变日益增强。由于内外因素的共同作用，价值取向多元化成为新时代最明显的特征之一。应该肯定，价值多元化是社会进步的一种表现，也是现代社会文化发展一个基本趋势，它能使社会充满活力。但价值多元不能也不应该否定社会的价值共识。历史证明，任何一个国家和民族都需要有共同的、统一的价值观来维系。如果仅有价值多元而没有价值共识，就会导致思想混乱，引发思想文化的冲突，破坏联结社会的精神纽带。当前，我国社会更需要价值共识，因为我国的现代化是后发型的现代化，是追赶型的现代化，是需要惠及近14亿人的现代化，其环境更复杂，任务更艰巨，更需要有效整合多元价值，形成一种强大的主流价值，将整个民族紧紧地凝聚在一起。因此在公民道德建设中，如何引导人们在尊重差异中达成价值共识，在包容多样中实现道德认同，是一个极为重要的问题，也是一个实践的难题，这就需要我们去研究、去破解，把坚定目标导向和问题导向统一起来。一个担当民族复兴大任的时代新人应该是一个能够把个人的需求和利益服从于民族复兴共同崇高事业，并在这个过程中实现自己人生价值的人。

第二，要引导人们正确认识和处理在实际行为活动中的道义取向和功利取向的关系。这就是我们平常讲的义利关系问题，这是公民道德发展的一个核心问题。在义利关系问题上，我国传统社会一直秉持重义轻利的价值模式。改革开放以来，特别是社会主义市场经济体制的建立，自由竞争成为市场运行机制的主导逻辑，利润最大化成为企业追求的主要目标，人们的物质利益诉求更加凸显。在这种情况下，一部分人甚至完全颠覆了传统的义利观，从过去的重义轻利转向了重利轻义。不可否认，对个人利益的追求是市场经济发展的基本动力。马克思主义、社会主义从来不否认个人利益的合理性和正当性。但是重利不能轻义，更不能忘义。否则，人们对利益的追求就会迷失方向，就会失去正确的人生观、价值观和道义观的制约，导致一些领域道德失范、诚信缺失，破坏市场经济的正常秩序，引发各种利益矛盾和社会冲突，同时也会扭曲人的社会本质，阻碍人的全面发展。因此，引导人们树立正确的义利观，坚持义利统一，奉行义利兼顾，以义取利，反对重利轻义、见利忘义的错误倾向，这也是加强公民道德建设，培养担当民族复兴大任的时代新人的一个必须认真研究、加强教育引导、努力达成道德共识的重大现实问题。

第三，要引导人们正确认识和处理道德自主和道德引导的关系。如何使道德自主和道德引导良性互动，这是一个很多国家在现代化过程中都遇到的不可回避的问题。改革开放以来，社会结构发生了重大变化，非政府组织迅速发展，在推进公民道德发展中的作用日渐显现。社会由"熟人社会"变成"陌生人社会"，个人也由"单位人"转变为"社会人"，个人的主体性、自主性和变化性日益增强。应该看到，公民道德自主性的提高无疑是道德上的一种进步，因为尊重个性与自由，不仅是社会主义应有之义，而且也有利于个体责任意识的培养。但是，如果片面地强调道德自主性，在理论上就可能陷入道德的主观性、自发性，甚至发展为道德相对主义，进而走向道德虚无主义；在实践中则会造成一系列的负面效应，如道德价值的冲突日益加剧，道德的约束力遭到严重削弱，突破道德底线的事件时有发生，等等，这些都是现实中客观存在的。因此，道德自主和道德引导之间的张力，为公民道德建设提出了一系列新的课题。这些课题既需要加强理论研究，揭示其内在规律，又需要在实践中认真摸索，创新体制机制。这些都是在加强公民道德建设，培养担当民族复兴大任的时代新人的过程中必须面对的问题和必须努力破解的矛盾。

第四，要引导人们正确认识和处理网络自由和网络治理的关系。我们已经进入网络时代，我国的网民有数亿之多，如何把握网络治理的合理尺度，就是一个新的难题。应该看到，网络自由是公民自由在虚拟空间的延展，自由是网络和网络技术发展的动力；反过来，网络的发展也极大地促进了公民的自由。由于网络的扁平性、开放性和匿名性，由于传统金字塔式的权力结构被打破，人们的社会交往更加广泛，网民的意见发表更加自由，促进了公民自由权利的实现。但是，与现实社会的自由一样，网络自由也是有限度的。任何人的自由必须以不损害他人利益和社会利益为前提，这是一个起码的常识。但是当前网络上的失德行为却屡见不鲜，从垃圾邮件、"网络暴力"到侵犯隐私和商业侵权，从网络诈骗、网络谣言到网络色情和网络赌博，凡此种种，不胜枚举。这些问题如果不能在一个合理的尺度上加以治理，网络秩序就得不到保障，网络自由也将受到伤害，严重干扰公民道德建设。但如何把握网络治理的尺度并在网民中达成广泛的共识，得到广大网民的自觉维护和共同遵守，就是一个非常复杂又亟待解决的问题。公民道德建设必须面对和破解这一问题，为培养担当民族复兴大任的时代新人创造良好的网络环境和社会条件。

当然，加强新时代公民道德建设，培养担当民族复兴大任的时代新人，需要面对的问题和破解的矛盾远不止上述几个方面。还有一些问题和矛盾同样重要，需要加强引导。例如，在进行社会道德治理中如何协调以德治国和依法治国的关系，既要防止排斥法律的作用，又要避免忽视道德的作用，真正实现和坚持以德治国和依法治国的有机结合；在适应社会主要矛盾的变化，不断满足人民日益增长的美好生活需要中，如何引导人们抵制西方的消费主义和物欲主义的侵袭，在不断提高物质生活水平的同时，注重精神生活的追求，不断提高自己的精神境界，充实自己的精神世界，树立高尚的幸福观，实现物质生活幸福和精神生活幸福的统一；等等。

总之，加强新时代公民道德建设是一项培养担当民族复兴大任时代新人的伟大工程，它必须面向现实、面向实践，努力融入建设社会主义现代化强国的各项工作中去，渗透到人民日常生活的方方面面之中。它所面临的各种问题和矛盾既表明这一伟大工程的艰巨性和复杂性，又表明它的重要性和高尚性。我们必须在党的领导下，充分发挥中国特色社会主义制度的优越性，努力激发人民群众的创造性，进一步加大工作力度，把握规律，积极创新，持之以恒，久久为功，推动全民道德素质和社会文明建设达到一个新的高度。

（《光明日报》2019 年 11 月 21 日）

新时代加强公民道德建设的
重要意义

北京师范大学　韩　震

中共中央、国务院印发的《新时代公民道德建设实施纲要》（以下简称《纲要》），对于坚持以习近平新时代中国特色社会主义思想为指导，全面总结近些年道德建设的成绩和经验，准确把握道德建设领域存在的不足和问题，科学分析新时代对公民道德建设提出的新要求具有十分重要的意义。《纲要》进一步明确了新时代公民道德建设的任务，即推动新时代全民道德素质和社会文明程度达到一个新高度，为决胜全面建成小康社会、开启全面建设社会主义现代化国家新征程和实现中华民族伟大复兴中国梦的战略目标凝聚磅礴力量。

新时代加强公民道德建设，推动全民道德素质和社会文明程度达到新高度，是贯彻落实习近平总书记关于思想道德建设重要论述和党中央决策部署的战略任务

历史唯物主义认为，道德是一种社会意识形态。作为社会中的人共同生活的准则和规范，道德是社会发展的产物。不同的时代有不同的道德观念，没有任何一种道德体系和道德观念是永恒不变的。社会发展到某个程度，也就需要与之相适应的道德体系和道德观念。《纲要》是在决胜全面建成小康社会、开启全面建设社会主义现代化国家新征程的关键时刻颁布的，反映了中国特色社会主义进入新时代对公民道德建设的新要求。

中华民族是一个重视伦理道德的民族。在漫长的历史进程中，中华民族不断追求道德境界的提升，孕育了中华民族的宝贵精神品格，培育了中国人民的崇高价值追求。这是中华民族在文明长河中绵延不绝、不断发展的精神力量。中国共产党领导人民在革命、建设和改革历史进程中，坚持马克思主义对人类美好社会的理想，继承发扬中华传统美德，形成了引领中国社会发展进步的社会主义道德体系，为中国特色社会主义事业发展提供了强大精神动力。2001 年，党中央颁布《公民道德建设实施纲要》，对在社会主义市场经济条件下加强公民道德建设提供了重要指导，有力促进了社会主义精神文明建设和社会的和谐稳定。党的十八大以来，以习近平同志为核心的党中央高度重视公民道德建设。习近平总书记在全国宣传思想工作会议、全国高校思想政治工作会议、全国教育大会、学校思想政治理论课教师座谈会等重要会议中，在中共中央政治局围绕社会主义核心价值观、中华民族爱国主义精神等开展的集体学习中，在各级各类学校和各地的调研考察、座谈交流以及给有关方面的回信中，发表了一系列重要讲话，作出了一系列重要论述。习近平总书记强调，核心价值观，其实就是一种德，既是个人的德，也是一种大德，就是国家的德、社会的德。国无德不兴，人无德不立。习近平总书记强调，必须加强全社会的思想道德建设，激发人们形成善良的道德意愿、道德情感，培育正确的道德判断和道德责任，提高道德实践能力尤其是自觉践行能力，引导人们向往和追求讲道德、尊道德、守道德的生活，形成向上的力量、向善的力量。习近平总书记指出，要大力弘扬时代新风，加强思想道德建设，深入实施公民道德建设工程，加强和改进思想政治工作，推进新时代文明实践中心建设，不断提升人民思想觉悟、道德水准、文明素养

新时代加强公民道德建设的重要意义

和全社会文明程度。习近平总书记指出，弘扬爱国主义精神，必须坚持爱国主义和社会主义相统一。让爱国主义成为每一个中国人的坚定信念和精神依靠。等等。习近平总书记的重要论述，充分体现了中国共产党强烈的道德自觉、崇高的道德追求，深刻阐明了新时代公民道德建设的重大意义、基本内涵、目标任务，为新时代公民道德建设指明了前进方向、提供了基本遵循。以习近平同志为核心的党中央着眼立根塑魂、正本清源，推动思想道德建设取得显著成效。这主要表现在：中国特色社会主义和中国梦深入人心，践行社会主义核心价值观、传承中华优秀传统文化的自觉性不断提升，爱国主义、集体主义、社会主义思想广为弘扬，崇尚英雄、尊重模范、学习先进成为风尚，民族自信心、自豪感大大增强，人民思想觉悟、道德水准、文明素养不断提高，道德领域呈现积极健康向上的良好态势。

今天，我们面临的世情国情党情发生了很大变化，公民道德建设须在原有成绩和经验基础上有更高的目标和境界。我们必须总结在社会主义革命、建设、改革中形成的道德建设经验，弘扬中华传统美德，传承红色文化基因，赓续革命精神谱系，把握道德建设的规律，创新道德建设的形式，在新的历史起点上推动全民道德素质和社会文明程度升华到新境界。

新时代加强公民道德建设，坚定中国特色社会主义理想信念，是在实现中华民族伟大复兴中国梦征程中巩固全体人民团结奋斗共同思想道德基础的必然要求

　　一代人有一代人的责任使命，一代人有一代人的道德风范。中国特色社会主义进入新时代，我们比历史上任何时期都更接近、更有信心和能力实现中华民族伟大复兴的目标。我们的信心是建立在一代又一代中国共产党人不忘初心、牢记使命，带领中国人民接续奋斗的实践历程中的，也是寄予在对未来青年德才兼备、勇于创新、堪当大任的期望上的。能够担当民族复兴大任的时代新人，必须是在思想水平、政治觉悟、道德品质、文化素养、精神状态等方面同新时代要求相符合的。

　　中华民族伟大复兴，绝不是轻轻松松、敲锣打鼓就能实现的，要依靠德智体美劳全面发展的建设者和接班人。堪当民族复兴大任的时代新人，不仅要掌握创新创业的关键能力，而且要有更强的责任感、更高的使命感，必须准备付出更为艰巨、更为艰苦的努力，才能把理想变成现实。这就要求年轻一代，在继承中华优秀传统美德和红

新时代加强公民道德建设的重要意义

017

色文化基因，而且要在前人的基础上，站得更高、看得更远，以更加高远的使命感和更具韧性的责任感，在科学技术、经济社会、思想文化等领域创造出前无古人的业绩。我们党立志于中华民族千秋伟业，就要培养一代又一代拥护中国共产党领导和我国社会主义制度、立志为中国特色社会主义事业奋斗终身的有用人才。

崇德向善的

引领
▼

新时代加强公民道德建设，适应社会主要矛盾变化、满足人民对美好生活的迫切需要，是把社会主义思想道德建设成果进一步转化为治理效能和制度优势的重大举措

中国特色社会主义进入新时代，社会主要矛盾的变化对道德建设提出了新要求。习近平总书记指出："我国社会主要矛盾的变化是关系全局的历史性变化，对党和国家工作提出了许多新要求。"关系全局表明这一进程是全面的、系统的、全方位的，历史性变化表明这一进程是长期积累形成的根本性的、趋势性的、不可逆的。这一变化对党和国家工作产生深刻影响，也必然影响到道德建设及精神文明建设。我国社会主要矛盾已经转化为人民日益增长的美好生活需要和不平衡不充分的发展之间的矛盾，其中

物质文明发展与精神文明发展之间就存在某些不平衡不充分的问题。在新的历史条件下，坚持和发展中国特色社会主义，需要物质文明和精神文明全面发展、人民物质生活和精神生活水平全面提升。在新时代，公民道德建设不能只停留在公共场合讲文明、上车排队、主动为老幼病残孕让座这样的要求上，而是在社会责任、生态文明、国家安全等公益精神上要有新的境界。为此，我们要坚持依法治国和以德治国相结合，完善弘扬社会主义核心价值观的法律政策体系，把社会主义核心价值观要求融入法治建设和社会治理，体现到国民教育、精神文明创建、文化产品创作生产全过程；坚持马克思主义的美好社会理想，筑牢理想信念之基，推动理想信念教育的常态化、制度化；坚持以社会主义核心价值观引领道德规范、强化道德认同、指导道德实践，引导人们明大德、守公德、严私德，提高全社会道德水平和思想境界。

加强新时代公民道德建设，是深化公民道德建设与解决存在问题，推进社会治理体系和治理能力现代化的需要

中国特色社会主义进入新时代，实现中华民族伟大复兴中国梦和建成社会主义现代化强国，就需要更高的公民道德素质和精神文明程度加以支撑。在国际国内形势深刻变化、我国经济社会深刻变革的大背景下，面对国内外风险挑战明显增多的复杂局面，必须解决道德领域的突出问题以及诸如网络道德建设的新问题，促进社会治理能力的现代化。在社会主义市场经济探索过程中，由于市场经济规则、政策法规、社会治理还不够健全，再加上受不良思想文化侵蚀和网络有害信息影响，我国社会道德领域依然存在不少问题。譬如，某些地方、某些领域存在不同程度的道德失范现象，拜金主义、享乐主义、极端个人主义言行等问题仍然比较突出；再如，某些社会成员道德观念模糊甚至缺失，缺乏区分是非、善恶、美丑的标准，存在见利忘义、唯利是图，损人利己、损公肥私的行为；另外，造假欺诈、不讲信用特别是网络诈骗的现象久治不绝，某些人的言行极为不负责任，突破公序良俗底线、妨害人民幸福生活、伤害国家尊严和民族感情的事件时有发生。这些问题如果任其发展，必然影响到中国特色社会主义经济建设、政治建设、文化建设、社会建设、生态文明建设目标的实现，也影响到国家形象和文化影响力。在新的历史条件下，我们必须高度重视道德领域存在的问题，既要加强和改进道德教育，也要综合施策、标本兼治，建立惩戒失德行为常态化机制，运用经济、法律、技术、行政等手段，实现有效治理，形成扶正祛邪、扬善惩恶的良好社会风气，从而为政治稳定、经济发展、文化繁荣、民族团结、人民幸福、社会安宁、国家统一以及国家治理体系和治理能力现代化提供深厚的道德支撑。

总之，加强公民道德建设是一项长期而紧迫、艰巨而复杂的任务，说其紧迫是因为新时代中国特色社会主义事业需要公民道德建设有新高度，说其艰巨而复杂是因为中华民族伟大复兴和"两个一百年"奋斗目标凸显了培养担当民族复兴大任时代新人的任务更加艰巨，而风云变幻的国际形势让道德建设和社会文明建设的环境更为复杂了。我们必须适应新时代的历史方位，遵循新发展理念所提出的新要求，坚持目标导向和问题导向相统一，进一步加大工作力度，把握道德建设的规律，积极创新道德教育、道德实践和文明创建的形式，持之以恒、久久为功，推动全民道德素质和社会文明程度达到一个新高度。

（《光明日报》2020 年 1 月 6 日）

新时代加强公民道德建设的重要意义

在守正创新中
推进新时代公民道德建设

清华大学　吴潜涛

　　加强公民道德建设、提高全社会道德水平，是全面建成小康社会、全面建设社会主义现代化强国的战略任务。党的十八大以来，以习近平同志为核心的党中央高度重视公民道德建设，立根塑魂、正本清源，作出一系列部署，推动思想道德建设取得显著成效。中共中央、国务院不久前印发的《新时代公民道德建设实施纲要》(以下简称《纲要》)，彰显了新时代的鲜明特征，为在守正创新中推进新时代公民道德建设提供了科学指导。

以习近平新时代中国特色社会主义思想贯穿始终

《纲要》无论是在逻辑框架、内容安排方面，还是在理论分析、实践举措方面，都始终坚持以习近平新时代中国特色社会主义思想为指导。

《纲要》由序言和 7 个部分组成。深入学习贯彻《纲要》精神，可以按照内容将其分为 5 个板块：第一个板块是序言部分，主要论述加强新时代公民道德建设的理论意义和实践价值；第二个板块由第一部分"总体要求"和第二部分"重点任务"组成，主要论述新时代公民道德建设的总体要求和重点任务，揭示新时代公民道德建设的内容体系；第三个板块由第三部分"深化道德教育引导"和第四部分"推动道德实践养成"组成，主要论述新时代公民道德建设的教育与实践；第四个板块是第五部分"抓好网络空间道德建设"，主要论述网络空间道德建设这一广受关注的时代课题；第五个板块由第六部分"发挥制度保障作用"和第七部分"加强组织领导"组成，主要论述新时代公民道德建设的制度保障和组织领导。《纲要》的框架结构、内容安排，始终贯彻习近平新时代中国特色社会主义思想特别是习近平同志关于公民道德建设的重要论述精神。贯彻落实《纲要》精神，要把握好我们党关于加强新时代公民道德建设的整体部署和安排，坚持道德认知与道德实践相结合、道德教育与法治保障相统一，确保新时代公民道德建设的社会主义方向。

党的十八大以来，习近平同志发表一系列重要讲话，提出了许多关于公民道德建设的新思想新观点新要求，为新时代公民道德建设提供了根本遵循。《纲要》运用习近平同志关于公民道德建设重要论述中的新思想新观点新要求，科学回答了新时代公民道德建设中的一系列重大问题。例如，随着中国特色社会主义进入新时代，人们的"绿水青山就是金山银山"意识越来越强烈。《纲要》强调，"绿色发展、生态道德是现代文明的重要标志，是美好生活的基础、人民群众的期盼"，强调要积极践行绿色生产生活方式，引导人们做生态环境的保护者、践行者。又如，关于国家形象的塑造，习近平同志强调要重点展示文明大国形象、东方大国形象、负责任大国形象、社会主义大国形象。《纲要》强调"公民道德风貌关系国家形象"，并把新时代公民道德建设实践拓展到对外交流交往活动中，引导人们在各种涉外活动和交流交往中展示文明素养、展现中华美德，树立自尊自信、开放包容、积极向上的良好形象。学习贯彻《纲要》精神，要与认真学习贯彻习近平同志关于公民道德建设的重要论述有机结合起来。只有这样，才能更加深刻理解《纲要》的精神实质和实践要求。

对公民道德建设规律的认识达到新高度

《纲要》总结了 2001 年党中央印发《公民道德建设实施纲要》以来，特别是党的十八大以来我国公民道德建设的基本经验，赋予其适应新时代要求的鲜活内容，标志着我们党对公民道德建设规律的认识达到新高度。

坚持教育引导与实践养成相统一。加强公民道德建设，必须坚持教育引导与实践养成相统一。《纲要》坚持公民道德建设这一基本经验，适应新时代要求，结合公民思想道德实际，在教育引导和实践养成的方法路径上作出新的部署和安排。在深化教育引导方面，《纲要》指出，要把立德树人贯穿教育全过程，用良好家教家风涵育道德品行，以先进模范引领道德风尚，以正确舆论营造良好道德环境，以优秀文艺作品陶冶道德情操，发挥各类阵地道德教育作用，抓好重点群体的教育引导。在推动道德实践养成方面，《纲要》指出，要广泛开展弘扬时代新风行动，深化群众性创建活动，持续推进诚信建设，深入推进学雷锋志愿服务，广泛开展移风易俗行动，充分发挥礼仪礼节的教化作用，积极践行绿色生产生活方式，在对外交流交往中展示文明素养。

坚持道德教育与制度保障相统一。法安天下，德润人心。公民道德建设是一个复杂的社会系统工程，既要靠教育倡导，也要靠法治惩恶扬善的力量，还要靠政策价值导向和各种行政规章的保障。坚持道德教育与制度保障相统一，是我国公民道德建设在长期实践中积累的基本经验，也是道德建设必须遵循的基本规律。《纲要》总结了2001年以来在公民道德建设中充分发挥法律法规支撑、政策制度保障作用的新鲜经验，从强化法律法规保障、彰显公共政策价值导向、发挥社会规范的引导约束作用、深化道德领域突出问题治理等四个方面，深刻论述了法治对道德建设的保障和促进作用，丰富了新时代公民道德建设制度保障的科学内涵，明确了新时代公民道德建设发挥制度保障作用、增强道德教育实效性的基本要求和具体举措。

坚持目标导向与问题导向相统一。坚持问题导向是马克思主义的鲜明特点。只有以重大问题为导向，抓住道德建设中的突出矛盾和关键问题，多维发力、综合施策，才能实现公民道德建设的目标。《纲要》坚持目标导向与问题导向相统一，在紧紧围绕新时代公民道德建设总体目标谋篇布局的同时，始终贯穿着强烈的问题意识与鲜明的问题导向。比如，在道德理论方面，强调价值引领、精神支撑；在道德实践方面，突出抓好网络空间的道德建设。

公民道德建设理论的新突破

时代是思想之母，实践是理论之源。《纲要》在公民道德建设理论上有不少新突破。概括起来讲，主要有以下几个方面。

道德领域问题根源的新揭示。《纲要》指出："在国际国内形势深刻变化、我国经济社会深刻变革的大背景下，由于市场经济规则、政策法规、社会治理还不够健全，受不良思想文化侵蚀和网络有害信息影响，道德领域依然存在不少问题。"这一论述深刻揭示了公民道德建设领域道德失范现象的根源，反映了我们党对社会主义市场经济条件下道德建设规律的深刻把握。

公民道德建设内容体系的新发展。习近平同志在党的十九大报告中指出："必须推进马克思主义中国化时代化大众化，建设具有强大凝聚力和引领力的社会主义意识形态，使全体人民在理想信念、价值理念、道德观念上紧紧团结在一起。"《纲要》按照这一要求构建新时代公民道德建设的内容体系。《纲要》坚持以习近平新时代中国特色社会主义思想为指导，以培养和造就担当民族复兴大任的时代新人为出发点和落脚点，强调新时代公民道德建设要"以为人民服务为核心，以集体主义为原则，以爱祖国、爱人民、爱劳动、爱科学、爱社会主义为基本要求"，"把社会公德、职业道德、家庭美德、个人品德建设作为着力点"，把"筑牢理想信念之基""培育和践行社会主义核心价值观""传承中华传统美德""弘扬民族精神和时代精神"作为重点任务。这一内容体系，是对《公民道德建设实施纲要》中提出的社会主义公民道德建设内容体系的完善和发展。

个人品德内涵的新界定。加强公民道德建设，提高公民文明素养，最终要落实到公民个人品德的养成上。自党的十七大报告第一次提出"个人品德建设"命题并将其作为社会道德建设的重要内容以来，学术界对个人品德的内涵进行了深入探讨。《纲要》汲取已有研究成果，对《公民道德建设实施纲要》中倡导的"爱国守法、明礼诚信、团结友善、勤俭自强、敬业奉献"的基本道德规范加以提炼和发展，把个人品德的主要内容概括为"爱国奉献、明礼遵规、勤劳善良、宽厚正直、自强自律"，是新时代公民道德建设理论的又一创新。

中华传统美德的新概括。中华传统美德是中华优秀传统文化的道德精髓，是支撑中华民族生生不息、薪火相传的强大精神力量，也是新时代公民道德建设的不竭源泉。《纲要》坚持古为今用、推陈出新原则，把中华传统美德的主要内容概括为"自强不息、敬业乐群、扶正扬善、扶危济困、见义勇为、孝老爱亲"等。这种概括是对全国各族人民共同美德的凝练反映，也为按照新时代公民道德建设要求对中华优秀传统文化进行创造性转化和创新性发展提供了方向指引。

弘扬中国精神的新要求。习近平同志指出："实现中国梦必须弘扬中国精神。这就是以爱国主义为核心的民族精神，以改革创新为核心的时代精神。"《纲要》总结多年来我们党团结领导全国各族人民弘扬中国精神的理论和实践，提出了新时代弘扬中国精神的新要求，强调要"弘扬中国人民伟大创造精神、伟大奋斗精神、伟大团结精神、伟大梦想精神，倡导一切有利于团结统一、爱好和平、勤劳勇敢、自强不息的思想和观念"；强调要"大力倡导解放思想、实事求是、与时俱进、求真务实的理念"，倡导"幸福源自奋斗""成功在于奉献""平凡孕育伟大"的理念，"弘扬改革开放精神、劳动精神、劳模精神、工匠精神、优秀企业家精神、科学家精神"。这些重要论述，从民族精神和时代精神的维度，创造性地阐发了新时代弘扬中国精神的科学内涵和基本要求。

（《人民日报》2019 年 12 月 19 日）

创造全民族道德素质和社会文明的新高度

——学习《新时代公民道德建设实施纲要》

武汉大学　沈壮海

21世纪之初，我们党颁布了《公民道德建设实施纲要》。18年过去，在中国特色社会主义进入新时代的今天，中共中央、国务院又印发了《新时代公民道德建设实施纲要》（以下简称《纲要》）。这篇指导我国公民道德建设的纲领性文献，具有新而实的鲜明特点。一方面，《纲要》以习近平新时代中国特色社会主义思想为指导，立足新时代，深度把握人民群众对美好生活的新期待，提炼这些年来公民道德建设实践的新经验，同时密切关注新的社会历史条件下公民道德建设的新课题，对公民道德建设作出了新部署。另一方面，《纲要》中贯穿求真务实的精神，坚持目标导向和问题导向相统一，在抓准、落实上下功夫，对新时代公民道德建设的总体要求、重点任务以及道德教育、实践养成、网德建设、制度保障、组织领导等逐一作出了明确具体的阐述，清晰回答了新时代公民道德建设建什么、如何建等关键问题，具有鲜明的指导性和操作性。新时代要有新气象新风貌。认真学习并切实将《纲要》的要求和部署落到实处，化育神州浩荡时代新风，是我们这个民族成就新的文明、实现伟大复兴的要求，是中华儿女共建共享美好生活的需要。

将《纲要》落到实处，需要聚焦主题。在推动社会的发展进步中，人是唯一的主体力量。中华民族的伟大复兴，所要依靠的，是所有中华儿女都努力成为复兴使命的担当者、不忘初心的新时代奋斗者，即成为能够担当民族复兴大任的时代新人。时代新人之"新"，不在长幼之分、职业之别，核心在于具有在新时代为民族复兴大业作贡献的良好素质。推动新时代的公民道德建设，主题即培养和造就担当民族复兴大任的时代新人。习近平总书记明确指出："育新人，就是要坚持立德树人、以文化人，建设社会主义精神文明、培育和践行社会主义核心价值观，提高人民思想觉悟、道德水准、文明素养，培养能够担当民族复兴大任的时代新人。"《纲要》正是对"育新人"这一新时代战略要求的积极回应，文中对新时代公民道德建设重点任务、着力点等的清晰勾勒及明确部署，是从公民道德建设的角度，对担当民族复兴大任时代新人素质发展要求的具体展开。在《纲要》的贯彻落实过程中，聚焦培养和造就担当民族复兴大任的时代新人这一主题，要求我们下足"着力"的功夫，也做好"聚力"的文章。就"着力"而言，即要围绕"育新人"的主题，坚持马克思主义道德观、社会主义道德观，倡导共产主义道德，以为人民服务为核心，以集体主义为原则，以爱祖国、爱人民、爱劳动、爱科学、爱社会主义为基本要求，引导人们筑牢理想信念之基、校准价值坐标，明大德、守公德、严私德，促进全体人民在理想信念、价值理念、道德观念上紧密团结在一起，更好构筑中国精神、中国价值、中国力量。就"聚力"而言，即在公民道德的建设中，方方面面的实践展开，都要时刻存有清晰明确的"主题意识"，始终看得见"人"、指向于"新人"的建设，不流于形式，不骛于虚声；要使"育新人"成为公民道德建设过程中各方面建设力量凝汇合力的交汇点，使各种建设举措始终能够以"新人"的建设为中心而守正创新、富有活力，在促进人的全面发展中涵养推动中华民族复兴伟业的强大主体力量。

将《纲要》落到实处，需要扣紧主线。《纲要》指出，推进新时代公民道德建设，要"坚持以社会主义核心价值观为引领"。这一概括，揭示了社会主义核心价值观在《纲要》文本、在《纲要》落实中的主线意义。公民道德建设的各项要求，就实质而言，即社会主义核心价值观在公民道德建设领域的具体转化和丰富展开。社会主义核心价值观是当代中国精神的集中体现，是凝聚中国力量的思想道德基础。习近平总书记强调："核心价值观，其实就是一种德，既是个人的德，也是一种大德，就是国家的德、社会的德。国无德不兴，人无德不立。"中华民族之所以能够经过长期奋斗推动中国特色社会主义进入新时代，中华民族伟大复兴的前景之所以能够越来越清晰可感地展现在世人面前，一个重要原因，就在于中国共产党和中国人民对立人之德、健党之德、兴国之德、强族之德的坚定追求与积极践行。新时代公民道德建设的不同领域，都应自觉紧扣社会主义核心价值观这一主线展开丰富的建设实践，以这一主线引领贯穿、整体协同，共同聚力于担当民族复兴大任时代新人的培养和造就。在学校，要把立德树人贯穿教育全过程，自觉将社会主义核心价值观和道德规范有效传授给学生；在家庭，要用良好家教家风涵育道德品行，让美德在家庭中生根、在亲情中升华；在社会，要以先进模范引领道德风尚，树立鲜明时代价值取向，彰显社

崇德向善的

引领

会道德高度；在网络空间，也要自觉弘扬主旋律，激发正能量，让科学理论、正确舆论、优秀文化充盈网络空间，让正确道德取向成为网络空间的主流；在各种法规制度、公约民约等的建设中，要让社会主义核心价值观成为内在的灵魂。总之，要通过这些丰富具体的实践展开，将国家价值目标、社会价值准则和公民价值规范，有机融入公民道德建设各方面、全过程，让社会主义核心价值观无处不在、无时不有，贯穿教育、融入制度、化于环境、润进人心、见诸行为，成为我们新时代的价值引领。

将《纲要》落到实处，需要做好主体工作。新时代公民道德建设，面向所有公民，是一项共享的事业，也贯穿着共建的要求。社会有机体的每一方面、每一领域、每一层级、每一分子，都是公民道德建设的主体力量，都应担负好主体应尽的职责。《纲要》对公民道德建设中不同类型的主体，都做出了明确的职责规定，提出了明确的履职要求。各级党委和政府要担负起公民道德建设的领导责任，将其摆上重要议事日程，纳入全局工作谋划推进，有机融入经济社会发展各方面；纪检监察机关和组织、统战、政法、网信、经济、外交、教育、科技、卫生健康、交通运输、民政、文化和旅游、民族宗教、农业农村、自然资源、生态环境等党政部门，要紧密结合工作职能，积极履行公民道德建设责任；发挥基层党组织和党员在新时代公民道德建设中的战斗堡垒作用和先锋模范作用；工会、共青团、妇联等群团组织，各民主党派和工商联，要积极发挥自身优势，共同推动公民道德建设；各级文明委和党委宣传部要切实履行指导、协调、组织职能，统筹力量、精心实施、加强督查，抓好工作任务落实。这些部署和要求，以具体的规定而非普遍性、笼统性的号召和鼓励，进一步明确了新时代公民道德建设中领导、组织、协调、督查等方面的主体及其职责，将我们党一直以来社会主义精神文明建设要齐抓共管的理念与要求予以了制度性转化。《纲要》还对不同战线、群体、领域等参与、服务、推进公民道德建设提出了明确要求，如要求文艺创作要自觉把培育和弘扬社会主义核心价值观作为根本任务，文以载道，文以传情，文以植德；新闻舆论工作要自觉把正确价值导向和道德要求体现到经济、社会、文化等各领域的新闻报道中，体现到娱乐、体育、广告等各类节目栏目中，发挥好成风化人、敦风化俗的重要作用。在努力将这些要求落到实处的同时，我们还应在社会全员中普遍增进人人都是公民道德建设主体的认识和观念。不论处于何种职业、哪个岗位、什么领域，每一个公民都应是公民道德实实在在的践行人，都应自觉遵循社会公德、恪守职业道德、弘扬家庭美德、锤炼个人品德，在社会上做一个好公民、在工作中做一个好建设者、在家庭里做一个好成员、在网络中做一个好网民。有了公民道德建设主体自觉的普遍增进，便一定会达到我们全民族道德素质和社会文明的新高度。

（《光明日报》2019 年 11 月 22 日 ）

新时代公民道德建设的价值指引

清华大学　戴木才

新颁布的《新时代公民道德建设实施纲要》明确指出，坚持以社会主义核心价值观为引领，将国家、社会、个人层面的价值要求贯穿到道德建设各方面，以主流价值建构道德规范、强化道德认同、指引道德实践，引导人们明大德、守公德、严私德。社会主义核心价值观展现了新时代中国人道德发展的美好前景，确立了当代中国人伦理道德的根基，为新时代公民道德建设提供了根本的价值指引。

核心价值观其实就是一种德

社会主义核心价值观高度反映了中国人民的共同价

值追求，是当代中国精神的集中体现，处于我国社会主义价值体系的核心地位，具有极大的引导力、感召力、凝聚力，对全社会的价值观念起着整合、协调和引领的作用，是构筑中国精神、凝聚中国力量的思想道德基础。党的十九大描绘了决胜全面建成小康社会、夺取新时代中国特色社会主义伟大胜利的宏伟蓝图。我们要坚定"四个自信"，树立中国特色社会主义文化自信，建设社会主义文化强国，筑牢中华民族的精神大厦。树立文化自信，必须坚持用社会主义核心价值观引领社会思潮，在全党全社会形成统一指导思想、共同理想信念、强大精神力量、基本道德规范。社会主义核心价值观应该成为每一个中国人的信念理念。信念理念就犹如一面旗帜，一个人有了理想信念和信念理念，精神上才知所趋向，行动上才知其所为。

习近平总书记指出："核心价值观，其实就是一种德，既是个人的德，也是一种大德，就是国家的德、社会的德。国无德不兴，人无德不立。"修大德者乃能成大业。社会主义核心价值观不仅为新时代中国社会发展指明了前进方向和进步趋向，也为个人的人生问题提供了根本解答，为每个人的人生发展提供了基本遵循。社会主义核心价值观倡导的富强、民主、文明、和谐，自由、平等、公正、法治，爱国、敬业、诚信、友善，体现了古圣先贤的思想，体现了仁人志士的夙愿，体现了革命先烈的理想，也寄托着各族人民对美好生活的向往。社会主义核心价值观尊崇道德、高扬道德、坚守道德，代表了中华民族所追求的美好崇高的道德境界，表明了中国特色社会主义发展进步的价值追求所在。

核心价值观要以强有力的道德建设为支撑

社会主义核心价值观为中国人民的思想和行动赋予了道德崇高性和道义正当性，指明了新时代公民道德建设的前进方向和建设目标，为促进全体中国人民在理想信念、价值理念、道德观念上紧密团结在一起，在全民族牢固树立中国特色社会主义共同理想，从而构筑中国精神、中国价值、中国力量提供了强大精神指引。同时，积极培育和践行社会主义核心价值观必须以强有力的道德建设为支撑。道德是社会关系的基石，是人际和谐、社会和谐、民族和谐、国家和谐的基础，因此，道德建设是培育和践行社会主义核心价值观的一项基础性战略性工程。要始终把继承创新中华民族传统美德、弘扬中国共产党革命道德和建设社会主义道德作为极为重要的战略任务抓紧抓好，为培育和践行社会主义核心价值观、为全面建设社会主义现代化强国和实现中华民族伟大复兴中国梦提供强有力的道德支撑。

中国特色社会主义新时代是决胜全面建成小康社会、进而全面建设社会主义现代化强国的时代。我们要按照《新时代公民道德建设实施纲要》的要求，持续深化社会主义核心价值观宣传教育，增进认知认同、树立鲜明导向、强化示范带动。坚持贯穿结合融入、落细落小落实，把社会主义核心价值观要求融入日常生活，使之成为人们日用而不觉的道德规范和行为准则；高度重视和切实加强新时代公民道德建设，把社会公德、职业道德、家庭美德、个人品德作为着力点，抓好网络空间道德建设，推动道德实践养成；发挥制度保障作用，坚持正确的价值取向、舆论导向，坚持以文化人、以文育人，弘扬真善美、贬斥假恶丑，在全社会推动形成知荣辱、讲正气、作奉献、促和谐的社会风尚。

引导公民把社会主义核心价值观
作为明德修身的根本遵循

加强新时代公民道德建设，大力提高公民道德建设水平，是一项紧迫而长期、艰巨而复杂的任务。习近平总书记在文艺工作座谈会上的讲话中指出，"改革开放以来，我国经济发展很快，人民生活水平提高也很快。同时，我国社会正处在思想大活跃、观念大碰撞、文化大交融的时代，出现了不少问题。其中比较突出的一个问题就是一些人价值观缺失"。中国特色社会主义进入新时代，我国经济社会发展站在了一个新的历史起点上，面临多样化的利益诉求、多样化的社会思潮、多样化的价值观念，迫切需要精神旗帜、思想导向、价值引领和道德基础。

新时代公民道德建设要以习近平新时代中国特色社会主义思想为指导，紧紧围绕进行伟大斗争、建设伟大工程、推进伟大事业、实现伟大梦想，坚持目标导向和问题导向相统一，在全社会大力弘扬社会主义核心价值观，遵循道德建设规律，进一步加大工作力度，持之以恒、久久为功，推动全民道德素质和社会文明程度达到一个新高度。通过教育引导、舆论宣传、文化熏陶、实践养成、制度保障等，引导人们把社会主义核心价值观作为明德修身、立德树人的根本遵循，通过整合、协调和引领社会成员千差万别的价值判断、价值选择、价值取向和价值追求，最终形成整个民族、整个国家普遍认同的价值理想和价值信仰。我们要用共同的奋斗目标激发国家斗志，用共同的理想信念凝聚民族意志，用共同的价值追求激发中国力量，动员全体中华儿女团结奋斗，共同创造中华民族新的伟业。

（《光明日报》2019 年 11 月 1 日）

新时代公民道德建设的守正创新

中共中央党校（国家行政学院） 靳凤林

自 2001 年党中央和国务院颁布《公民道德建设实施纲要》（以下简称旧《纲要》）以来，已有 18 年的时间，这一纲要对在社会主义市场经济条件下大力加强公民道德建设提供了极端重要的指导意义，极大地促进了我国社会主义精神文明建设活动的开展。2019 年 10 月 27 日，党中央和国务院又联合颁布了《新时代公民道德建设实施纲要》（以下简称新《纲要》），这为我国未来很长一段时间的公民道德建设提供了根本指针。通过对这两个纲要的具体内容进行深入细致的比照分析，我们发现这二者之间，既有深刻细致的内在关联性，又有与时俱进的根本区别点。一方面，我们党在改革开放新形势下坚定不移地贯彻执行了上一个纲要的道德伦理传统，特别是在价值指向、立场情怀方面，前后之间具有高度一致、一以贯之和一脉相承性；另一方面，后者根据新时代新特点，在思维方式、策略选择等诸多方面，又对前者进行了全方位拓展，实现了我国公民道德建设的全面转型升级。笔者在此用"守正创新"四字来高度概括二者之间的内在关系。

就"守正"而言，每个民族、每个时代的道德都不是凭空构造的，它必然要从历史传统的道德思想中汲取营养。恰如马克思所言，一切划时代的体系的真正的内容都是由于产生这些体系的那个时期的需要而形成起来的。所有这些体系都是以本国过去的整个发展为基础的，是以阶级关系的历史形式及其政治的、道德的、哲学的以及其他后果为基础的。可见，任何试图与传统彻底决裂的公民道德，最终只能成为空洞的道德说教或抽象的概念框架。从这种意义上讲，新《纲要》的"守正"特质在于，在有关公民道德建设的立场、观点、方法等方面，全面继承了旧《纲要》的主要内容。首先，新《纲要》同旧《纲要》一样，坚持马克思主义道德观、社会主义道德观，倡导共产主义道德，坚持以为人民服务为核心，以集体主义为原则，仍然把爱祖国、爱人民、爱劳动、爱科学、爱社会主义视作公民道德的基本规范，始终保持公民道德建设的社会主义性质和方向。其次，新《纲要》同旧《纲要》一致要求，把社会公德、职业道德、家庭美德、个人品德作为公民道德建设的着力点，并继承了上述道德建设具体内容的要求。同样主张，把立德树人贯穿于学校教育、家庭教育、社会教育之中，通过道德模范引领、营造正确舆论环境、创造优秀文艺作品、发挥各类阵地作用等多种形式强化公民道德建设。最后，新《纲要》同旧《纲要》都强调，要坚持和加强党对公民道德建设的领导，各级文明委和党委宣传部要切实履行指导、协调、组织职能，要深入实际、调查研究、加强监督、抓好落实。

与此同时，经过 18 年的发展，特别是党的十八大以来，我国面临的世情、国情、党情发生了很大的变化，特别是伴随中国特色社会主义进入新时代，对公民道德建设的各个方面都提出了更高的要求，如何全面总结过去 18 年来公民道德建设的成绩与经验，准确把握新时代公民道德建设面临的问题与不足，进一步明确新时代公民道德建设的任务与要求，就为新时代中国特色社会主义公民道德建设所急需。与旧《纲要》相比，新《纲要》在坚持上述"守正"内容的同时，又在诸多方面实现了开拓创新与转型升级。

新《纲要》以习近平新时代中国特色社会主义思想为

指导，以大力培养担当民族复兴大任的时代新人为着力点，深刻体现了新时代的新要求和新特征。新《纲要》对党的十八大以来习近平总书记有关公民道德建设的各种论述进行了全面梳理，特别是结合党的十九大精神，提出了一系列公民道德建设的新思想、新观点、新要求。尤其是把培养担当民族复兴大任的时代新人置于极端重要的位置，并对时代新人应当具备的政治觉悟、思想水平、道德素质、文化素养、精神状态等做了详细规定，通过不断加深对时代新人丰富内涵和根本要求的认识和理解，为更好地推进新时代公民道德建设找到扎实可靠的出发点和落脚点。

新《纲要》将中国特色社会主义核心价值观与各项具体道德建设紧密结合，为新时代公民道德建设提供了根本性价值指向。一方面，自从党中央从国家、社会、个人三个层面，提出富强民主文明和谐、自由平等公正法治、爱国敬业诚信友善的社会主义核心价值观以来，社会各界从歧义纷呈的价值观讨论中，找到了当代中国价值观的最大公约数。另一方面，习近平总书记强调，核心价值观，其实就是一种德。如何将社会主义核心价值观贯彻到我国道德建设的各个方面，构成了新《纲要》的重要内容，新《纲要》强调以主流价值观建构道德规范、强化道德认同、指导道德实践。

新《纲要》对中华民族优秀传统道德予以高度重视。新《纲要》开篇强调中华文明源远流长，孕育了中华民族的宝贵精神品格，培育了中国人民的崇高价值追求，并将传承中华传统美德和弘扬民族精神视为新时代公民道德建设的重要内容。主张要以礼敬自豪的态度对待中华优秀传统文化，深入阐发中华优秀传统文化蕴含的讲仁爱、重民本、守诚信、崇正义、尚和合、求大同等道德理念。认为以爱国主义为核心的民族精神和以改革创新为核心的时代精神，是中华民族生生不息、发展壮大的坚实精神支撑和强大道德力量，要把中国几千年的优秀传统同中华民族近代史、中国共产党史、新中国史、改革开放史有机统一起来，从而传承红色基因，赓续精神谱系，使全体人民永远保持自强不息、厚德载物的精神状态。

新《纲要》将网络道德置于极端重要位置，并对生态文明、对外交流交往等领域的道德建设予以高度重视。新《纲要》最为引人注目之处是把抓好网络空间道德建设作为重大问题进行单列说明，从加强网络内容建设、培养文明自律网络行为、丰富网上道德实践、营造良好网络道德环境四个层面，对网络道德建设的意义、方式、方法和管理措施等问题，进行了全面深入细致的说明，充分彰显了公民道德建设的新时代特征。此外，还对党员领导干部、青少年和社会公众人物等重要群体，以及生态文明、对外交流交往等领域的道德建设做了详细说明。

新《纲要》对道德建设的法治法规保障和夯实基层实践基础给予了高度关注。习近平总书记多次强调，法律是成文的道德，道德是内心的法律，道德环境建设离不开法制环境的保障。为贯彻这一基本理念，新《纲要》强调要把社会主义道德要求体现到立法、执法、司法、守法的各个环节，用法治承载道德理念，以法治的力量引导人们向上向善。特别是在如何把公民道德建设落实到基层实践的问题上，新《纲要》从多个视角作了详细说明，包括把立德树人贯穿于学校、家庭、社会各个方面，通过广泛开展弘扬时代新风、深化群众性创建活动、持续推进诚信建设、深入推进学雷锋志愿活动等形式，将新时代公民道德建设落到基层、落到实处，不断推动新时代公民道德建设上质量、上水平。

（光明网 2019 年 11 月 4 日）

进一步优化国家治理现代化的道德环境

中共中央党校（国家行政学院） 刘东超

任何国家治理都要有与之相适应、相配合的道德环境，才能发挥出良好的治理功能。如果道德环境与治理结构相互龃龉，与治理方式不发生共振，与治理目标不相一致，这样的治理将会受到多种阻挠，治理效果将会大打折扣。在我国推动国家治理体系和治理能力现代化的过程中，必须进一步优化支持这一历史任务的道德环境。此次印发的《新时代公民道德建设实施纲要》内容非常广泛，其重要价值之一是推动建设国家治理现代化的良好道德环境。

国家治理现代化需要诚信的社会环境

不同于传统社会，现代社会更多地处理的是陌生人之间的关系，这就需要更多地培育社会的诚信资源。现代化的国家治理意味着一系列"不见对方"的规范的落实，意味着海量陌生关系的处理和协调。诚信是这种治理得以有效的道德基石和必备条件。因此，在推进国家治理体系和治理能力现代化的过程中，必须弘扬诚信精神和契约理性。《新时代公民道德建设实施纲要》有着具体的安排，"推动各行业各领域制定诚信公约，加快个人诚信、政务诚信、商务诚信、社会诚信和司法公信建设，构建覆盖全社会的征信体系，健全守信联合激励和失信联合惩戒机制"。通过提高全社会诚信水平，为国家治理现代化提供顺畅可靠的道德环境。

国家治理现代化需要重视公益的社会环境

现代国家治理的一个重要方面是多主体的参与，而其中相当一部分主体是以公益活动者的身份参与国家治理。这样，国家治理现代化实际上需要多种公益团体、公益个人、公益资源的投入。激发全体公民的公益热情、强化支持公益、热爱公益的社会环境非常必要。我国自古以来具有非常丰富的公益文化资源，在 20 世纪五六十年代产生过雷锋这样的典范。在新时代的条件下，应该继承和发扬优秀的公益文化资源，《新时代公民道德建设实施纲要》提出，"弘扬雷锋精神和奉献、友爱、互助、进步的志愿精神，围绕重大活动、扶贫救灾、敬老救孤、恤病助残、法律援助、文化支教、环境保护、健康指导等，广泛开展学雷锋和志愿服务活动，引导人们把学雷锋和志愿服务作为生活方式、生活习惯。推动志愿服务组织发展，完善激励褒奖制度"。通过浓厚公益文化环境的建设，可以为国家治理现代化提供有力的支持力量和重要社会基础。

国家治理现代化需要规范意识强韧的社会环境

重视各种规则是现代社会的基本特征。由于人治文化、宗法文化的长期影响，不尊重规则、突破规范的观念和心理倾向直至今天在我国社会中还有遗存。因此，在整个社会培育严肃的规范意识实有必要。《新时代公民道

崇德向善的
引领

德建设实施纲要》不仅强调了对于道德规范的遵守，要求"以主流价值构建道德规范、强化道德认同、指引道德实践，引导人们明大德、守公德、严私德"。同时还讲到对于法律规范的遵守，要求"以法治承载道德理念、鲜明道德导向、弘扬美德义行，把社会主义道德要求体现到立法、执法、司法、守法之中，以法治的力量引导人们向上向善"。这样，具有强制性的法律规范和不具有强调性的道德规范可以结合在一起，以道德滋养法治精神，以法治体现道德理念，更好地培育公民的规范意识，为国家治理现代化提供社会心理的支持。

国家治理现代化需要文明意识鲜明的社会环境

人类文明具有逐级向上提升的趋势，现代社会的文明形态总体上高于传统社会的文明形态并具有自己的特征。现代化的国家治理必须有现代化的文明形态与此相适应。在现实生活和社会实践中，现代化的文明形态表现为深刻的文明意识和广泛的文明行为。因此，培养整个社会的文明意识是一个极具必要性的长期工程，在社会主义新时代人民对美好生活追求的过程中，这一工程更为人民所需要。《新时代公民道德建设实施纲要》提出：

"广泛开展文明出行、文明交通、文明旅游、文明就餐、文明观赛等活动，引导人们自觉遵守社会交往、公共场所中的文明规范。"同时还专门强调实施中国公民旅游文明素质行动计划，要求在对外交往中重视文明素养的展现，另外，这一纲要还要求摒弃各种陈规陋习，通过移风易俗在农村建立文明乡风。推动建设国家礼仪规程，完善党和国家功勋荣誉表彰制度，通过礼仪活动涵养文明素质。这些活动将较好地推动文明意识鲜明的社会环境的建设。

习近平总书记曾强调，在新的历史条件下，我们要把依法治国基本方略、依法执政基本方式落实好，把法治中国建设好，必须坚持依法治国和以德治国相结合，使法治和德治在国家治理中相互补充、相互促进、相得益彰，推进国家治理体系和治理能力现代化。可以说，法治和德治及其互相配合是推进国家治理现代化的重要力量。今天通过推动具有新时代特点的公民道德建设，通过具有现代意义的道德素养培育，可以为国家治理体系和治理能力现代化提供有力的支撑和友好的社会环境。

（光明网 2019 年 11 月 3 日）

新时代公民道德建设与公民道德境界跃迁

华中师范大学　龙静云

中共中央、国务院印发的《新时代公民道德建设实施纲要》（以下简称《纲要》）指出："中国特色社会主义进入新时代，加强公民道德建设、提高全社会道德水平，是全面建成小康社会、全面建设社会主义现代化强国的战略任务，是适应社会主要矛盾变化、满足人民对美好生活向往的迫切需要，是促进社会全面进步、人的全面发展的必然要求。"很显然，新时代的美好生活需要公民道德境界提升来保障，公民道德建设又为公民道德境界跃迁创造条件。

公民道德境界及其重要作用

境界是中国文化独有的一个概念，其最初指的是"疆界""地域"，后被引申到文学、艺术、为学和做人等领域，意指人们在文学艺术、理论探索和做人做事方面的涵养功夫及达到的水平层次。从伦理学的视角看，道德境界的内涵诚如罗国杰先生认为的："人们处在每一个阶段中，都以一定的道德观念作指导，并用以处理对人、对事的各种关系，就形成了我们所说的不同的觉悟水平。这个高低不同的觉悟水平，就构成了所谓道德境界。"

关于道德境界的层次，冯友兰先生根据对人生的觉解程度，把人生境界划分为自然境界、功利境界、道德境界和天地境界四个层次。他认为，自然境界中的人，对于人生和世事"不识不知"，其行为只是"顺习"而已，并不觉解其道德意义。处于功利境界中的人，对人生有较高觉解，但其行为是通过"心灵的计划"有目的地谋求自身利益。处于道德境界中的人，能深刻觉解到个人与社会的依存关系，其行为以有利于社会或他人为目的。而处于天地境界中的人，能觉解到"一个更大的整体，即宇宙"，进而为宇宙的利益做事，已然超越"实际世界的限制"而获得精神的自由。罗国杰先生则依据公与私的关系，将人的道德境界划分为自私自利的境界、先公后私的境界和大公无私的境界三个层次，认为自私自利的境界应坚决反对，先公后私的境界具有可行性，大公无私的境界是中国共产党人和要求进步的先进分子应追求的高尚境界。以上两种道德境界说都有各自的理据，为我们研究道德境界提供了很好的思想资源。

研究道德境界，我们须立足当代实践，坚持以社会主义核心价值观为引领，将国家、社会、个人层面的价值要求贯穿到道德建设各方面，以主流价值建构道德规范、强化道德认同、指引道德实践，引导人们明大德、守公德、严私德。

促进公民道德境界跃迁应把握的几个重点

《纲要》指出，党的十八大以来，以习近平同志为核心的党中央高度重视公民道德建设，立根塑魂、正本清源，作出一系列重要部署，推动思想道德建设取得显著成效。同时也要看到，在国际国内形势深刻变化、我国经济社会深刻变革的大背景下，由于市场经济规则、政策法规、社会治理还不够健全，受不良思想文化侵蚀和网络有害信息影响，道德领域依然存在不少问题。这些问题的背后是公民个人道德觉悟、道德境界提升不够。而出台《纲要》的目标之一，就是要通过公民道德建设促进公民道德境界跃迁，进而"推动全民道德素质和社会文明程度达到一个新高度"。

以维护公民权利为起点。对公民权利进行保护是国家的政治责任和道德基础。但唯有每个公民对他人的同等权利互相承认和尊重，才会产生出符合正义的社会秩序。如果片面强调公民权利，那么，公民权利将走向与现代伦理相反的偏执；若片面强调公民义务，其结果是导致大多数公民的权利被损害，符合正义的社会秩序也难以产生。因此，新时代的道德建设首先应充分体现公民权利的平等原则，并将尊重、保护公民权利作为新时代公民道德建设的出发点。唯有如此，公民才会由权利体悟到义务和责任的重要性并自觉履行公民义务，从而激发出道德境界提升的内生动力。

以树立公民道德信仰为重心。习近平总书记说过："人民有信仰，国家有力量，民族有希望。"《纲要》也指出："信仰信念指引人生方向，引领道德追求。"道德信仰作为一种价值形态，是人们出于对自由、平等、正义、诚信、法治等道德信条发自内心和坚定不移地信奉而形成的持久而稳定的心理状态。当下，社会主义核心价值观是能够获得全体公民认同和信仰的价值系统。故新时代的公民道德建设要以社会主义核心价值观为精神引领，并通过道德实践转换为公民普遍的道德和价值信仰，由此指引公民道德境界获得提升。

以法律、制度和其他资源供给为保障。新时代的道德建设要走政府推进型与社会推进型相结合的道路，即要以政府的法律、制度和其他资源（包括资金投入及各种社会资源的整合）供给为主导，辅之以法治社会与民间力量自然生成的、具有现代精神气质的道德教育和道德训练，激活两个方面的积极性与创造力，使道德建设稳步而富有成效地开展，进而为提升公民道德境界奠定基础。

以"知行合一"为原则。"知行合一"是中国传统道德中的一对重要范畴，"知行合一"强调"知中有行，行中有知"；知的目的在行，行的目的在获得真知，行得到真知的指导和激发，同时也是对知的完成。"知行合一"思想的精髓是突出道德规范的"内化—外化—深层次内化—更高层次固化"。道德建设要以知促行、以行促知，做到"知行合一"，即新时代的公民道德建设要把社会道德知识的传播和公民道德认识的提升与公民切切实实的行为实践有机结合起来，这样，公民道德建设才会结出丰硕果实，公民道德境界提升才能成为现实。

以社会奖惩为机制。奖，就是对合乎道德的行为进行利益、荣誉等方面的奖励；惩，就是对违德、违法行为进行利益或人身自由等方面的惩戒和剥夺。社会奖惩包括道德奖惩，它是指道德生活和道德建设中的赏善罚恶现象。社会奖惩机制的有效运用，能够使公民对道德规则和道德价值产生敬畏感，激发知耻心，进而有效地将社会道德规范内化为道德责任意识和自我约束能力。因而社会奖惩作为道德建设的一种手段，对公民的道德行为选择具有导向和激励作用。新时代的道德建设要合理恰当地运用社会奖惩机制，以推进公民道德建设扎扎实实拓展，进而达成道德建设的目的——促进公民道德境界跃迁和升华。

（《光明日报》2020 年 1 月 6 日）

将法治更好融入网络空间道德建设

中国社会科学院　支振锋

网络空间是亿万民众共同的精神家园,《新时代公民道德建设实施纲要》(以下简称《纲要》)提出"抓好网络空间道德建设",体现了对新科技条件下道德建设规律的新认识。在网络空间建构道德规范、强化道德认同、指引道德实践,需要坚持以社会主义核心价值观为引领,持续强化教育引导,也需要以法治承载道德理念、弘扬美德义行。

网络信息内容广泛影响着人们的思想观念和道德行为。《纲要》指出,要弘扬主旋律、激发正能量,让优秀文化充盈网络空间;创作新内容,繁荣新文艺,发展积极向上的网络文化;加强引导性,增强辨别力,让良好道德取向成为网络空间主流。以法治鲜明的价值导向，弘扬美德义行，成为网络空间道德建设的应有之义和重要方面。

党的十八大以来，网络生态日渐清朗，优秀作品不断涌现。一批反映中华民族优秀文化的精品"叫好又叫座"，成为各大互联网平台长盛不衰的"引流资源"。

互联网是信息的宝库，但也可能是"潘多拉的魔盒"。"带节奏"的网络舆论可能危及政治安全、社会稳定，"黑公关"、流量造假严重损害他人合法权益和市场秩序。要制定和完善相关法律，保护未成年人健康上网、防止网络游戏沉迷，保护个人隐私和个人信息，维护市场秩序。既发挥互联网信息交流、反映民意的作用，又依法规范市场竞争，维护国家社会稳定，保护公民、法人的合法权利。

办网站不能一味追求点击率，开网店要防范假冒伪劣，做社交平台不能成为谣言扩散器，做搜索不能仅以给钱多少作为排位的标准。要依法压实企业主体责任、促使企业主动承担社会责任，依法依规经营，加强网络从业人员教育培养，坚决打击网上有害信息传播行为，规范管理传播渠道。

网民既是网络信息内容的生产者，也是使用者；既是良好网络生态的受益者，也是网络生态恶化的受害者。要强化应用市场平台和应用程序平台的双平台监管，实现全主体、全环节、全流程的监管全覆盖，同时科学规范账号功能，重点监管具有媒体属性和动员能力的网络平台，引导广大网络信息内容使用者尊德守法、文明互动。

《纲要》指出，要积极培育和引导互联网公益力量，壮大网络公益队伍，形成线上线下踊跃参与公益事业的生动局面。"互联网＋公益""互联网＋慈善"在引导人们随时、随地、随手做公益，推动形成关爱他人、奉献社会良好风尚的同时，也面临着道德风险和信任危机。必须通过强化技术规范和管理规范，加强互联网募捐平台管理，提升网络公益透明度，促进网络公益规范化运行和有序发展。

网络空间在物理上是虚拟的，在社会上却是现实的。必须加强源头治理、依法治理、综合治理，形成综合治网格局，加强互联网领域立法执法司法，加强网络社交平台、各类公众账号等管理，重视个人信息安全。建立完善新技术新应用道德评估制度，维护网络空间道德秩序。

通过网络空间道德建设，全面推进社会公德、职业道德、家庭美德、个人品德建设，引导人们明公德、守公德、严私德，构建良好网络生态，形成网上网下同心圆，使互联网这个最大变量变成事业发展的最大增量，是新时代公民道德建设的一个重要方面。以法治推动核心价值观建设，加强网络空间道德建设，是适应社会主要矛盾变化、满足人民对美好生活向往的迫切需要，是促进社会全面进步、人的全面发展的要求，也是培养和造就担当民族复兴大任时代新人的战略抉择。

（《经济日报》2019 年 12 月 27 日）

正确把握新时代文明实践的基本属性和价值取向

山东社会科学院　　周其森

2018 年 7 月 6 日，习近平总书记主持召开中央全面深化改革委员会第三次会议并发表重要讲话。会议指出，"建设新时代文明实践中心"，"动员和激励广大农村群众积极投身社会主义现代化建设"。今年 10 月 11 日，中央宣传部、中央文明办召开深化拓展新时代文明实践中心建设试点工作电视电话会议，强调走好新时代群众路线，大胆探索、大胆实践，推动新时代文明实践中心建设取得更大成效。近日，中共中央、国务院印发《新时代公民道德建设实施纲要》指出，要加强新时代文明实践中心建设。正确把握新时代文明实践的基本属性和价值取向，对于确保这项工作健康开展有着重要意义。

突出思想性，牢牢守住农村思想文化阵地

建设新时代文明实践中心，是深入宣传习近平新时代中国特色社会主义思想的一个重要载体，要着眼于凝聚群众、引导群众，以文化人、成风化俗，调动各方力量，整合各种资源，创新方式方法，用中国特色社会主义文化、社会主义思想道德牢牢守住农村思想文化阵地，动员和激励广大农村群众积极投身社会主义现代化建设。

用习近平新时代中国特色社会主义思想武装农民群众，引导农民群众践行社会主义核心价值观。社会主义精神文明是中国特色社会主义的重要组成部分，是社会主义的重要特征。把习近平新时代中国特色社会主义思想作为新时代农民思想文化建设的核心，是新时代农村精神文明建设的必然要求。新时代文明实践应该紧紧围绕这个核心，开展培根铸魂工作。围绕"信仰、观念、知识"等基本内容构建新时代中国农民思想文化体系，培育昂扬向上的精神状态，为乡村振兴奠定强大的思想基础和精神基石。

改进农村精神文明建设方式方法，推进新时代文明实践活动。精神文明建设方式与经济发展方式密不可分，新

时代文明实践应该随着经济发展方式的变化而不断改进方式方法。党中央强调建设新时代文明实践中心，是加强和改进农村精神文明建设方式方法的具体体现和重大举措。在具体的工作中，还要结合实际情况，探索新时代文明实践的新思路、新方法，推动农村精神文明建设守正创新。

突出实用性，围绕乡村振兴开展文明实践

《中共中央　国务院关于坚持农业农村优先发展做好"三农"工作的若干意见》指出，"开展新时代文明实践中心建设试点"。实践证明，实施乡村振兴战略不能一手硬、一手软，不能重物轻人。新时代文明实践中心在乡村振兴中发挥着重要作用，在农村应当紧紧围绕乡村振兴战略进行。

按照乡村振兴战略总体要求开展文明实践活动。"产业兴旺、生态宜居、乡风文明、治理有效、生活富裕"是实施乡村振兴战略的总要求。乡风文明与其他四个方面相互融合、密不可分。

一是承担着提高农民思想道德素质和科学文化素质的重要使命，为产业发展提供智力支持。二是为文化建设提供道德滋养。习近平总书记指出："推进新时代文明实践

中心建设，不断提升人民思想觉悟、道德水准、文明素养和全社会文明程度。"加强道德建设，提高广大农民的思想道德素质，培育良好的乡村道德生态，是新时代文明实践的重点。三是为乡村治理提供法律援助。法治建设是实现"治理有效"的重要途径。四是为生态文明建设提供环保智慧。继承和弘扬中华农耕文化中蕴含的朴素深厚的环保理念，是新时代文明实践的题中应有之义。

贴近农民群众的生产生活，开展文明实践活动。新时代文明实践中心建设，应该坚持立足乡村实际、服务农民的原则，避免好高骛远、华而不实、空洞虚泛，流于形式。从农民群众的生产生活实际需要出发，既要解决其实际要求，又要引导他们树立远大理想。把对美好生活的向往和追求与眼前需求结合起来，汇聚起乡村振兴的磅礴力量。

善于发现和运用农民群众的首创精神，使之成为文明实践的生动教材。

突出群众性，体现农民文明实践主体地位

在动能上，坚持群众自发性。在新时代文明实践中，农民既是文明行为实践主体，也是文明成果享受主体，还

是文明素质提高主体。只有让农民享受到文明实践的成果，才能调动他们的积极性，从而使文明实践成为农民的自觉行动。要处理好党政主导和农民主体的关系，做到定位准确，各司其职，协调一致，营造新时代文明实践的良好氛围和工作机制。

在内容上，坚持提高农民素质。新时代文明实践中心建设，要聚焦培养时代新人。加强农民思想道德和科学文化素质教育，提高他们积极投身乡村振兴的思想觉悟和能力，要把政治性、思想性放在首位。加强农民的理想、信念教育，加强现代科学文化知识教育，培育适应乡村振兴要求的新型农民。针对广大农民思想文化实际，围绕增长经济知识、培育环保意识、树立善治理念、文明乡风养成、追求美好生活等方面开展教育实践，构建新时代农民思想文化体系，提高乡村文明程度。

在形式上，坚持"形式多样、喜闻乐见"。实践证明，围绕农民生产生活开展新时代文明实践，能够提高实效性。比如，山东省威海市文登区、淄博市蕉庄镇等地农村结合村民实际，采取集中讲习和业余讲习相结合、专家讲习和群众讲习相结合等方式，探索出了"板凳会""街头会""田间课""炕头课"等形式，讲思想，授技术，强素质，增文明，发挥了文明实践凝聚群众、引导群众、以文化人、成风化俗的作用。

突出社会性，激励社会各界参与共同行动

习近平总书记指出："让乡村振兴成为全党全社会的共同行动。"新时代文明实践中心建设，要建立有效运行机制、科学统筹调配资源。只有组织动员社会各界积极投入文明实践之中，才能形成文明实践的强大合力，铸就乡村振兴的文明底蕴。

坚持各级党组织的主导地位，牢牢把握新时代文明实践正确方向。各级党组织承担着本地区的规划、内容的供给等领导工作，必须牢牢把握实践活动的正确方向。乡镇指导村级年度规划，重点宣讲和教育工作，并对村级实践活动进行制度化管理，逐渐形成科学有效的管理制度和运行机制。村级在上级的指导下开展丰富多彩的文明实践活动。

坚持农民群众的主体地位和主力军作用。激励农民群众投身到新时代文明实践中去，提高他们从事乡村振兴的主动性、自觉性。首先要加强农村文明实践内容供给侧改革，把准百姓脉搏，关注群众需求，找准情感共鸣点。避免形式化、活动化，脱离农民实际。善于发现和运用农民

中间蕴藏的乡村文化资源和人才资源，让新时代文明实践内容渗透于乡村每个角落，让新时代文明实践成为农民群众的自觉行动。

动员和鼓励社会各界积极参与新时代文明实践，形成乡风文明建设的强大合力。一要建立文明实践志愿者队伍，解决乡村文明实践指导人才短缺问题。二要整合社会资源，发挥社会力量在树德育人、培育新型农民方面的作用。

坚持文明实践常态化，避免"活动化""一阵风"。新时代文明实践离不开行之有效的活动，但是应促进常态化机制的建立，否则就会流于表面化、形式化。新时代文明实践有其自身的逻辑要求，必须认真研究，科学规划，稳步实施，使文明实践的每一个细节成为优化社会风气的"春风春雨"。同时，避免"以评代建""少数人干、多数人看"等弊端，把新时代文明实践扎实有效地开展下去。

（《光明日报》2019 年 11 月 1 日）

正确把握新时代文明实践的基本属性和价值取向

加强新时代公民道德建设
培养担当民族复兴大任的时代新人

北京市习近平新时代中国特色社会主义思想研究中心　吴玉军

《新时代公民道德建设实施纲要》指出，不断提升公民道德素质，促进人的全面发展，培养和造就担当民族复兴大任的时代新人。"功以才成，业由才广。"在日益激烈的国际竞争中，一个国家的发展能否抢占先机、赢得主动，从根本上说在于国民的整体素质。人民是决定国家命运的根本力量，人民有高尚的情操、高远的情怀、坚定的信仰和远大的理想，国家也就必定有着美好与光明的未来。在21世纪中叶，要把我国建成富强民主文明和谐美丽的社会主义现代化强国，逐步实现中华民族伟大复兴的中国梦，必须大力培养和造就一代又一代有理想、有本领、有担当的时代新人。

筑牢理想信念之基，补足时代新人精神之钙。人民有信仰，国家有力量，民族有希望。理想信念是人的精神脊梁，是激励人们砥砺前行的力量之源。习近平总书记在纪念红军长征胜利 80 周年大会上的讲话中指出："心中有信仰，脚下有力量；没有牢不可破的理想信念，没有崇高理想信念的有力支撑，要取得长征胜利是不可想象的。"理想信念是指引和支持中国人民站起来、富起来到强起来的强大精神力量。实现中华民族伟大复兴的中国梦是长征再出发，是长期而艰巨的伟大事业，需要付出极其艰辛的努力，没有坚定的理想信念，就会导致精神"缺钙"，就会得"软骨病"，就不可能承担并完成使命任务。担当民族复兴大任的时代新人，必须牢固树立共产主义远大理想和中国特色社会主义共同理想，坚定正确政治方向，坚定中国特色社会主义道路自信、理论自信、制度自信、文化自信，坚定听党话、跟党走的人生追求，矢志不渝为实现共产主义远大理想和中国特色社会主义共同理想而奋斗。理论上清醒，政治上才能坚定。坚定的理想信念，必须建立在对马克思主义的深刻理解之上。要坚持用马克思主义的立场、观点、方法认识世界，把握人类社会发展的客观规律，用马克思主义中国化最新成果——习近平新时代中国特色社会主义思想武装头脑、指导实践、推动工作，在学懂弄通做实上下功夫，全面掌握这一科学理论的基本观点、理论体系，切实把这一科学理论落实到实际工作中。

礼敬自豪优秀传统文化，浇铸时代新人之魂。文化是一个国家、一个民族的灵魂。没有高度的文化自信，没有文化的繁荣兴盛，就没有中华民族的伟大复兴。担当民族复兴大任的时代新人必须树立高度的文化自觉和文化自信。而这种自觉和自信的获得，首先源自礼敬自豪中华优秀传统文化。源远流长、博大精深的中华优秀传统文化，积淀着中华民族最深层的精神追求，包含着中华民族最根本的精神基因，为中华民族生生不息、发展壮大提供了强大精神支撑。要充分发掘文化经典、历史遗存、文物古迹承载的丰厚道德资源，弘扬古圣先贤、民族英雄、志士仁人的嘉言懿行，让中华文化基因植根于人们的思想意识和道德观念。深入阐发中华优秀传统文化蕴含的讲仁爱、重民本、守诚信、崇正义、尚和合、求大同等思想理念，深入挖掘自强不息、敬业乐群、扶正扬善、扶危济困、见义勇为、孝老爱亲等传统美德，并结合新的时代条件和实践要求继承创新，充分彰显其时代价值和永恒魅力，使之与现代文化、现实生活相融相通，成为全体人民精神生活、道德实践的鲜明标识。

紧密围绕立德树人根本任务，把中华优秀传统文化全方位融入思想道德教育、文化知识教育、艺术体育教育、社会实践教育各环节，让中华优秀传统文化在一代代接续传承中不断发扬光大。

弘扬革命文化，传承红色基因，培育红色传人。诞生于民族危亡局势下的中国共产党，为中华民族的独立、中国人民的解放作出了不懈努力并付出了巨大牺牲，在波澜壮阔的革命中创造了带有鲜明中国烙印的革命文化。革命文化彰显了中国共产党人对理想信念的无比忠诚，凝聚了中国人民深沉的爱国情怀，不论过去、现在还是将来，都是激励中华儿女为实现中华民族伟大复兴而勇往直前的精神动力。要做好红色基因的传承，把革命文化蕴含的坚定理想信念、崇高价值追求发扬光大，在新时代把革命先辈开创的伟大事业不断推向前进。要加强对党史、军史、国史的研究，牢牢把握党的历史发展主题主线，深刻揭示党的历史发展的主流和本质，坚决反对任何歪曲和丑化党的历史的错误倾向。要心怀崇敬，浓墨重彩记录英雄、塑造英雄，让英雄的事迹和精神得到广泛传播，营造崇尚英雄、学习英雄、捍卫英雄、关爱英雄的浓厚氛围，依法依规严肃惩戒污蔑诋毁英雄、伤害民族感情的恶劣言行。加强革命文物保护，做好革命遗址、遗迹、烈士纪念设施的保护和利用，充分发挥其资政育人功能。讲好红色故事，引导人们深刻认识红色政权来之不易，新中国来之不易，中国特色社会主义来之不易，进而激发人们爱党爱国之志、增强奋进奋发之力，勇于克服前进道路上的困难和挫折，走好新时代长征路。大力推进革命文化进教材、进课堂、进校园，让红色基因在青少年学生心中扎根，让革命文化薪火相传。

培养斗争精神，造就可堪大用、能担重任的栋梁之材。马克思说："如果斗争只是在有极顺利的成功机会的条件下才着手进行，那末创造世界历史未免就太容易了。"中华民族伟大复兴，绝不是轻轻松松、敲锣打鼓就能实现的，实现伟大梦想必须进行伟大斗争。在前进道路上我们面临的风险考验只会越来越复杂，甚至会遇到难以想象的惊涛骇浪。我们面临的各种斗争不是短期的而是长期的，至少要伴随我们实现第二个百年奋斗目标全过程。担当民族复兴大任的时代新人必须做好进行长期的、艰巨的、复杂的斗争准备，始终保持不畏艰险、积极进取、勇于开拓的精神状态。要有高远的志向，培养敢于担当、不懈奋斗的精神，保持乐观向上的人生态度，做到刚健有为、自强不息。要引导青少年树立扎根人民、奉献国家，为人民不懈奋斗、同人民一起奋斗的远大志向，把人民对美好生活的向往作为自身的奋斗目标，传承接力奋斗精神，以青春之我、奋斗之我为民族复兴铺路架桥，为祖国建设添砖加瓦。要使其经受思想淬炼、实践锻炼，在改革开放和社会主义现代化建设的大熔炉中，在社会的大学校里，经风雨、见世面、壮筋骨，努力成为可堪大用、能担重任的栋梁之材。

培育健康理性的国民心态，树时代新人良好形象。国民心态是综合国力的重要组成部分，是助推国家发展的强大动力。随着中国日益走近世界舞台中央，不断为人类作出更大贡献，必须切实提升国民素质，建构与大国地位相符合、与综合国力相匹配的国民心态。要培养公民宽广的国际视野和世界眼光、厚重的大国胸襟和大国情怀，引导人们做到理性爱国，理性合法有序地表达自己的爱国情怀，一方面要反对崇洋媚外、妄自菲薄，另一方面要反对极度自信、盲目排外。随着越来越多的中国人走出国门经商、旅游、探亲，每一个出境者都是向国际社会展示我们国家的名片，每个人的一言一行、一举一动都在展示着全体人民的精神风貌，代表着国家形象，其言谈举止都会程度不同地影响他国人民对我们整个国家和民族的认知认同。要实施中国公民旅游文明素质行动计划，加强文明宣传教育，引导人们在境外旅游、求学、经商、探亲中，尊重当地法律法规和文化习俗，展现中华美德，维护国家荣誉和利益。引导人们在各种国际场合、涉外活动和交流交往中，树立自尊自信、开放包容、积极向上的良好形象。

（《光明日报》2019 年 12 月 12 日）

从新冠肺炎疫情看生态道德建设

华中师范大学　龙静云

中共中央、国务院印发的《新时代公民道德建设实施纲要》（以下简称《纲要》）明确将"积极践行绿色生产生活方式"纳入"推动道德实践养成"层面，提出"绿色发展、生态道德是现代文明的重要标志，是美好生活的基础、人民群众的期盼"。此次在湖北省武汉市暴发的新冠肺炎疫情，无疑印证了加强公民生态道德建设的紧迫性。加强公民生态道德建设，既是新时代公民道德建设的重要内容之一，也是我国生态文明建设和建构人民群众美好生活的必然要求。

一、敬畏自然的伦理精神和生态道德素养

敬畏是人类的一种伦理精神与道德品格。早在两千多年前，孔子有言："君子有三畏：畏天命，畏大人，畏圣人之言。小人不知天命而不畏也，狎大人，侮圣人之言。"意思是说，君子有三种敬畏：敬畏天命，敬畏有德之人，敬畏圣人的思想理论；小人不懂天命而不加敬畏，对有德之人态度轻慢，对圣人的言说多有轻蔑。其中的"天命"实际上是指自然及其运行规律。那么，人类又为什么要对自然和自然规律怀有敬畏之心呢？这是因为，人类是自然在演化过程中产生的一种高级动物，须根据大自然的时节变化、气候变迁与星移斗转来安排自己的生产与生活，如春耕夏作、秋收冬藏，春夏减衣、秋冬加衣。饮食也是依时节而变。这表明，人类的生存与生活在根本上必须遵从自然秩序和自然法则。不仅如此，大自然无时无刻不在向人类提供生命存活与延续的物质给养，每个人的衣、食、住、用、行所需要的物质资料，都来自大自然的恩赐和馈赠。因而，马克思说："自然界，就它自身不是人的身体而言，是人的无机的身体。人靠自然界生活。"而从自然生态史来看，在人类出现在地球上之前，某些动植物就早

已生活于地球之上。这就意味着，某些地球生物具有比人类更为悠久的地球生活史，人类应该对它们予以敬畏、尊重和爱护。

现代自然科学和生态学的研究已经表明，地球是一个完整的生态体系，每一生物物种在地球生态系统中都有他人他物无法代替的独特功能与价值。并且，任何一个物种，上至人类下至一株小草或一只蚂蚁，也都有着自身的生存法则。也就是说，每一地球物种都有自己特定的"生态位"。就人类而言，站好"生态位"不仅要求人类必须有特定的生存空间和活动边界，而且要有正确的发展方式与生活方式，且与其他物种保持适度的张力与动态平衡。如果人类为了自己的利益不断地超越自己的"生态位"，一方面，破坏和污染自然生态环境，过多消耗地球上有限的资源；另一方面，又不断强占、挤压其他生物物种的生存空间，如把野生动物作为自己的盘中美味，这些行为势必招致自然界和其他生物物种的强烈回应与报复，给人类自身的生存带来危机。因此，老子就曾告诫说："天长地久。天地所以能长且久者，以其不自生，故能长生。"这就是说，天地之所以长久，是因为它不争或没有自己的私利。恩格斯也警示我们："我们不要过分陶醉于我们人类对自然界的胜利。对于每一次这样的胜利，自然界都对我们进行报复。每一次胜利，起初确实取得了我们预期的结果，但是往后和再往后却发生完全不同的、出乎预料的影响，常常把最初的结果又消除了。"正因如此，遵循自然规律，按照自然规律和自然法则安排人类的生产与生活，用生态道德来调节人与自然之间的关系，恰恰是人类对自然心怀敬畏的必然要求。

二、提升公民生态道德素养，为美好生态生活奠基

《纲要》明确指出，要"坚持人与自然和谐共生，引导人们树立尊重自然、顺应自然、保护自然的理念，树立绿水青山就是金山银山的理念，增强节约意识、环保意识和生态意识"。加强公民生态道德建设的目的，就是要通过立生态道德之基，正生态道德之本，塑生态道德之魂，以提升公民的生态道德素养，形成人与自然、人与其他生物动物（包括野生动物）之间和谐共生的良好关系，为新时代全体中国人民过上美好生活奠定基础。

立生态道德之基。恩格斯说过，"人本身是自然界的产物，是在自己所处的环境中并且和这个环境一起发展起来的"。《尚书·周书·泰誓上》中有云："惟天地，万物父母。"正是大自然孕育、创造了人类，因而大自然是人

类生存发展之基。所以，人类要立足于人与自然这一依赖与被依赖的关系，现实地将生态道德的价值追求和伦理取向与大自然的运行规律有机统一起来，这一点，恰恰是人类真正过上美好生活的前提和基础。

正生态道德之本。中国特色社会主义进入新时代，我国社会主要矛盾已经转化为"人民日益增长的美好生活需要和不平衡不充分的发展之间的矛盾"，自然生态资源与环境问题成为人们追求美好生活的挑战之一。在这一背景下，公民必须将以自然为本现实地纳入生态道德之本真意涵之中。以自然为本，是指人类在维护与实现自身对美好生活需要的同时，审慎地考虑自然生态环境的承载力及其限度，以科学的生态精神与负责任的生态伦理实践维护自然生态环境的安全与利益。正如习近平总书记所强调的："自然是生命之母，人与自然是生命共同体，人类必须敬畏自然、尊重自然、顺应自然、保护自然。"可以这样说，只有在以自然为本的基础上才可能有真正的以人为本。缺乏对自然的敬畏和尊重，毫不顾及自然与生态承载力的单向度的以人为本，本质上还是人类中心主义的价值观，其实践结果必然给人类自身带来无尽的危害。

塑生态道德之魂。生态道德是内容繁多、系统庞杂的体系，而生态责任无疑是生态道德体系的灵魂。这是因为，在人们的美好生活越发受到生态环境因素的现实制约时，只有以生态责任理念贯通和挈领生态道德体系，生态道德才能不断拓展、丰富和鲜活起来，才能显现出调节人与自然之间矛盾方面的重大作用。通过公民生态道德建设，能在实践中唤醒人们的生态良心，激发人们的生态情感，培育人们的生态理念，提升人们的生态审美能力，而所有这一切最后都聚焦于一点：使公民培养出强烈的生态责任精神并自觉承担和履行生态责任。

三、推进公民生态道德建设的着力点

以法治力量推进和保障公民生态道德建设。制度与法律是规约行为、扬善抑恶、道德教化中不可或缺的刚性力量。良法是善治之始，此次新冠肺炎疫情的暴发，告诫我们一方面要大力完善已有的生态环境保护法，另一方面要适应我国生态文明建设的需要，在立法层面严厉打击非法捕杀交易运输野生动物及制品，以及任何破坏生态环境的行为与现象。各省区市可以制定地方性法规，对包括政府、企业、公民个人在内的所有自然人的生态行为进行严格规约，做到有法可依、有法必依、执法必严、违法必究，从而真正发挥法治对全体公民生态行为的规范、惩戒、震慑、警示与教育作用。

不断加大面向全体公民的生态知识传播和生态教育力度。知其善才能行其善，了解和掌握必要的生态知识，是公民履行生态责任的前提。公民的生态道德素养较低，与接受的生态教育不足、生态知识素养缺乏有关。各级政府要利用各种方式加强对公民生态知识的传播和教育，帮助所有公民全面了解生态系统和人类应承担的生态责任。在此过程中，要把复杂高深的理论简化为内容生动活泼和可视化的通俗知识体系，这样，普通公民才能将这些知识听懂、识记和理解，并将其铭记于心。与此同时，还要把生态破坏造成的严重后果呈现给受众，以强烈的视觉冲击力唤醒公民内心深处的生态良知、不断激发生态觉悟，促使他们在现实生活与工作实践中自觉反思和审视自己的需要、欲望与行为，进而不断矫正自己的不合理需求、克制不良欲望并减少盲目行为，实现生产方式、生活方式、消费方式的绿色化。

把公民生态道德建设融入公民成长的"生态嵌套结构"及其运行全过程。法国哲学家爱尔维修有句名言："人是环境的产物。"马克思肯定并发展了此观点，他认为，人是环境和教育的产物，但环境正是由人来改变的，而教育者本人一定是受教育的。而美国学者布朗芬布伦纳的生态系统理论认为，生态系统是"一组嵌套结构，每一个嵌套在下一个中，就像俄罗斯套娃一样"，并且嵌套结构是一个由微系统、内部系统、外部系统和宏观系统这样一个由小至大、由内向外的嵌套结构构成的生态系统。其中，小的嵌套结构如家庭、学校、社区、企业等，大的嵌套结构如共同体、国家、社会乃至整个地球和自然生态。由此可知，每一个个体对自然的敬畏精神和生态道德的形成也是在嵌套结构中受结构运行和影响的结果。公民生态道德建设必须与各个嵌套结构的运行紧密结合起来，而非游离于生态嵌套结构的运行之外。即是说，要把公民生态道德建设的内容贯穿于家庭、学校、企业、媒体、民间组织等各类组织及其规则和组织运行的全过程。

在日常生活实践中提升和锻造公民的道德素养与生态道德品格。亚里士多德说过："我们通过做公正的事成为公正的人，通过节制成为节制的人。"这表明，具有某种美德的人是通过实践锻造而成的，只有在日常生活中躬身践行美德，我们才能把自己塑造成为社会所期待的有德之人。公民的生态道德素养是从不浪费粮食、不随地吐痰、不乱扔垃圾和塑料袋、不践踏绿地草坪、不乱砍滥伐森林树木这样一些具体道德行为的反复实践中开始生发的，而热爱自然、保护自然、节约资源、绿色生产、绿色消费、环境正义、生态修复、生态审美、生态责任等更高层次的生态道德理念和道德规范，则需要更持久的实践和磨炼，才能由外部的他律转化为公民的自律，最后形成稳定的生态行为习惯和生态道德品格。而随着公民生态行为习惯和生态道德品格的形成，我们就可以日益减少对大自然的破坏和污染，通过发展方式的变革和生态修复还大自然以原色，进而在全社会真正形成尊重、关爱、保护自然和野生动物的伦理自觉与生态道德风尚。

（《光明日报》2020 年 2 月 17 日）

新时代公民道德建设的
新特点新要求

中共广东省委党校　　吴灿新

最近，中共中央、国务院印发了《新时代公民道德建设实施纲要》（以下简称"新《纲要》"），这是继18年前印发《公民道德建设实施纲要》（以下简称"原《纲要》"）后，根据新时代新要求提出的加强新时代公民道德建设、提高全社会道德水平的总体遵循。与原《纲要》相比，新《纲要》有着鲜明的特点。

新《纲要》突出"新"：强调以马克思主义中国化最新成果为指导，创新性地提出抓好网络空间道德建设

首先是新时代新要求。原《纲要》印发于2001年，

正值改革开放的深化期，社会主要矛盾是"人民日益增长的物质文化需要同落后的社会生产之间的矛盾"，主要解决"富起来"的历史任务；当时公民道德建设的要求是如何适应社会主义市场经济的需要，推动社会生产力迅速发展，早日让国家与人民"富起来"。而新《纲要》印发，正值改革开放全面深化期，社会主要矛盾已经转化为"人民日益增长的美好生活需要和不平衡不充分的发展之间的矛盾"，主要解决"强起来"的历史任务；故新时代公民道德建设的要求是如何适应全面建设社会主义现代化强国的需要，推动社会全面进步和人的全面发展，尽快让国家与人民"强起来"。

其次，强调以马克思主义中国化最新成果为指导。原《纲要》指出，公民道德建设的指导思想是马克思列宁主义与马克思主义中国化的一系列成果。新《纲要》强调，在新时代，要以习近平新时代中国特色社会主义思想为指导。这是马克思主义与当代中国全面深化改革伟大实践相结合的智慧结晶和最新成果，唯此方能更好地指导和有力推进新时代公民道德建设的进步。

再次，创新公民道德建设的方针。原《纲要》提出了公民道德建设的六大方针，新《纲要》在继承原《纲要》六大方针基础上，根据新时代公民道德建设新实践的客观要求，提出了新的六大方针：坚持马克思主义道德观、社会主义道德观，倡导共产主义道德，始终保持公民道德建设的社会主义方向；坚持以社会主义核心价值观为引领；坚持在继承传统中创新发展，不断增强道德建设的时代性与实效性；坚持提升道德认知与推动道德实践相结合；坚持发挥社会主义法治的促进和保障作用；坚持积极倡导与有效治理并举。

最后，创新性地提出了抓好网络空间道德建设。21世纪以来，网络的发展以异乎寻常的速度突飞猛进，人们的工作与生活越来越与网络紧密联系。因此，网络信息内容广泛地影响着人们的思想观念和道德行为，网络空间道德也日益广泛地影响着社会思潮和社会风气，故抓好网络空间道德建设已成为新时代公民道德建设迫在眉睫的重要一环。

新《纲要》突出"深"：立足于"四个全面"战略布局和实现中华民族伟大复兴的实践基础

今天，改革开放进入了新时代。一方面，以往公民道德建设取得了一定的进步，在新的历史起点上，公民道德建设理应有更加深入的发展。另一方面，新的时代有新的历史使命，也就对公民道德建设有更高和更深入发展的要求。

其一，体现在公民道德建设的历史使命上。原《纲要》立足于建立与发展社会主义市场经济，着力发展社会生产力，努力建设小康社会的实践基础上，其历史使命，就是努力建立与发展社会主义市场经济相适应的社会主义道德体系，保证社会主义市场经济健康发展，促进整个民族素质不断提高，培养一代又一代有理想、有道德、有文化、有纪律的社会主义公民。新《纲要》则立足于"四个全面"战略布局、实现中华民族伟大复兴的实践基础上，其历史使命，就是提高全社会道德水平，全面建成小康社会、全面建设社会主义现代化强国，满足人民对美好生活向往，促进社会全面进步、人的全面发展，培养和造就担当民族复兴大任的时代新人。

其二，体现在传媒和文艺工作上。新《纲要》不仅更加重视正确的社会舆论和优秀的文艺作品对于公民道德建设的重要价值，而且更深入一步，强调传媒与文艺的工作者本身道德素质的提升，要求传媒和相关业务从业人员要加强道德修养，强化道德自律；自觉履行社会责任；要求文艺工作者要把崇德尚艺作为一生的功课，把为人、做事、从艺统一起来，做到德艺双馨。

其三，体现在公民道德建设的内容上。原《纲要》公民道德建设的主要内容，是坚持以为人民服务为核心，以集体主义为原则，以"五爱"为基本要求，以社会公德、职业道德、家庭美德为着力点。新《纲要》不仅坚持了这些内容，还进一步强调了"个人品德建设"，将原有的"三德"建设深化为"四德"建设，强调推动践行以爱国奉献、明礼遵规、勤劳善良、宽厚正直、自强自律为主要内容的个人品德。

新《纲要》突出"准"：让公民道德建设富有针对性

所谓"准"，就是公民道德建设具有针对性。第一，必须筑牢理想信念之基。理想信念指引人生方向，引领道德追求。正确坚定的理想信念，是培养高尚道德情操和良好道德品质的根本。然而在过去一段时期，由于市场经济负面效应和西方腐朽思想的影响，一些公民特别是一些领导干部，渐渐地弱化并最终忘却了自己的理想信念，走上了腐败堕落、违法犯罪的邪路，造成了严重的不良影响和重大损失。针对此，习近平总书记反复强调理想信念的重要性，指出"理想信念就是共产党人精神上的'钙'，没有理想信念，理想信念不坚定，精神上就会'缺钙'，就会得'软骨病'"。因此，新时代公民道德建设必须坚持不懈地用习近平新时代中国特色社会主义思想武装全党、教育人民，打牢信仰信念的思想理论根基，夯实公民道德建设的基础。

第二，必须培育和践行社会主义核心价值观。党中央于 2006 年提出了"建设社会主义核心价值体系"的重大命题和任务，2012 年党的十八大明确提出"三个倡导"的社会主义核心价值观。社会主义核心价值观是当代中国精神的集中体现，是凝聚中国力量的思想道德基础。因此，新《纲要》强调要持续深化社会主义核心价值观宣传教育，引导人们把社会主义核心价值观作为明德修身、立德树人的根本遵循。

第三，把立德树人贯穿学校教育全过程。新《纲要》强调要全面贯彻党的教育方针，坚持社会主义办学方向，坚持育人为本、德育为先，把思想品德作为学生核心素养、纳入学业质量标准，构建德智体美劳全面培养的教育体系。

第四，积极践行绿色生活方式，并在对外交流中展示文明素养。新《纲要》有针对性地把生态道德建设与公民外交道德建设提上了议事日程。

（《南方日报》2019 年 12 月 9 日）

做明大德守公德严私德的模范

国防大学　邓一非

德行天下，乃国兴业昌之基。《新时代公民道德建设实施纲要》着眼坚持以社会主义核心价值观引领道德建设，提出了"引导人们明大德、守公德、严私德"的明确要求。新时代革命军人全面提升道德素质，就应从明大德、守公德、严私德做起，以崇德修为、立德正身的高度自觉，努力做践行社会主义核心价值观的表率，用良好道德风范书写精彩军旅人生。

"德者道之功，仁者德之光"。道德作为一种社会意识形态，以反映一个民族、一个国家共同意愿的价值观念体系为内在支撑，有什么样的价值观就会形成什么样的道德观。实践表明，充分发挥社会主义核心价值观的引领作用，把国家、社会、个人层面的价值要求贯穿到道德建设各方面，才能使社会主义道德观深入人心、成风化俗，强固凝聚中国精神、中国价值、中国力量的思想道德基础。引导人们明大德、守公德、严私德，旨在以主流价值建构道德规范、强化道德认同、指引道德实践，使核心价值观要求落细落小落实，成为人们加强思想道德修养的基本准则。新时代革命军人做到明大德、守公德、严私德，是以德立身、以德立信、以德立行的集中体现，是增强道德实践能力、不断提升道德境界的基本途径，是争做道德风尚引领者、展现人民军队特有道德风采的必然要求。

道德建设，重在育人树人。人既是道德建设的实践者，又是社会道德的承载者。人民军队历来高度重视用高尚思想品德塑造官兵，涌现出的雷锋、李向群、张富清、杜富国等英模典型，就是一代代有理想、有道德革命军人的杰出代表，为全社会树立了崇德向善、尊德力行的道德楷模。"德不优者，不能怀远"。新时代革命军人在社会道德建设中走在前列，就要增强明大德、守公德、严私德的道德自觉，不断增进道德认知、强化道德养成，做到明是非、识良莠、辨美丑、分善恶、晓荣辱、知行止，把自己培养成为有崇高理想和道德追求的人。

明大德，核心是牢固确立对党绝对忠诚之德。这既是第一位的政治要求，也是最重要的政治品德。"天下至德，莫大乎忠。"养大德方能立大志、成大业。应当认识到，做到对党忠诚是具体的实践的，必须体现在铸牢理想信念上，体现在锤炼坚强党性上，体现在坚决听党的话、对党的理论和路线方针政策的忠诚上，体现在践行党的宗旨、对祖国和人民忠诚上。每一名革命军人都应更加自觉地把对党绝对忠诚融入血脉、融入灵魂，在思想上政治上行动上与党中央保持高度一致，坚决同背离党的领导和损害党的形象的言行作斗争，在大是大非面前旗帜鲜明，在风浪考验面前无所畏惧，在各种诱惑面前立场坚定，不断强化与党同心同德、为党尽职尽责的政治担当。

守公德，核心是牢固树立服务人民之德。这既是涵养道德情操的应有境界，也是以良好形象引领社会道德风尚的必然要求。正是忠实践行我党我军全心全意为人民服务的根本宗旨，从为人民打江山、守江山，到抢险救灾、扶贫帮困、见义勇为的爱民助民实际行动，人民子弟兵被人民群众赞誉为"最可爱的人"，展现了人民军队热爱人民、服务人民的道德风貌和光辉形象。每一名革命军人都应强化宗旨意识，始终把人民放在心中最高位置，模范遵守社会公德和职业道德，像张思德那样"彻底地为人民的利益工作"，像雷锋那样"把有限的生命投入到无限的为人民服务之中去"，像李向群那样不惜用生命守护人民的生命财产安全，做有益于社会和人民的人，积极为推动社会文明程度达到新高度贡献力量。

严私德，核心是恪守清正廉洁之德。这既是必须守住的道德底线，也是人生行得稳、走得正的重要保证。现实生活中，有的党员干部放松品德修养、自我约束，抵不住诱惑，以权谋私，假公济私，贪婪腐化，最终走上了腐败堕落的不归路。这正是"奢靡之始，危亡之渐"的深刻警示。每一名革命军人都应有"不患位之不尊，而患德之不崇"的忧患之心，严格约束自己的操守和行为，做到德比于上、欲比于下，保持艰苦奋斗、俭以养德的生活态度和精神追求；有"不自重者取辱，不自畏者招祸"的敬畏之心，手握戒尺，正心明道，始终不放纵、不越轨、不逾矩，做到不存非分之想、不取不义之财、不染不正之风，增强拒腐防变的免疫力；有"无羞则失气节，无耻则失德行"的羞耻之心，增强慎独慎微、严以修身的道德定力，自觉抵制低俗、庸俗、媚俗之风，珍重自己的名节、声誉和形象，追求有高度、有境界、有品位的人生。

（《解放军报》2020 年 1 月 21 日）

知行合一推进新时代公民道德建设

中央宣传部《党建》杂志社　李小标

深入学习贯彻《新时代公民道德建设实施纲要》（以下简称《纲要》），要以习近平新时代中国特色社会主义思想为指导，着眼构筑中国精神、中国价值、中国力量，坚持知行合一、持之以恒、久久为功，不断推进新时代公民道德建设。

牢牢把握新时代公民道德建设的正确方向

加强新时代公民道德建设是推进中国特色社会主义事业的一项基础性、战略性工程，牢牢把握新时代公民道德建设的正确方向至关重要。

必须坚持以习近平新时代中国特色社会主义思想为指导，在全民族牢固树立中国特色社会主义共同理想，在全社会大力弘扬社会主义核心价值观，不断提升公民道德素质，促进人的全面发展，培养和造就担当民族复兴大任的时代新人。要筑牢理想信念之基，坚持不懈用习近平新时代中国特色社会主义思想武装全党、教育人民，引导人们深刻把握习近平新时代中国特色社会主义思想的丰富内涵、精神实质、实践要求，打牢信仰信念的思想理论根基。在全社会广泛开展理想信念教育，深化社会主义和共产主义宣传教育，深化中国特色社会主义和中国梦宣传教育，高扬主旋律，唱响正气歌。要坚持马克思主义道德观、社会主义道德观，倡导共产主义道德，以为人民服务为核心，以集体主义为原则，以爱祖国、爱人民、爱劳动、爱科学、爱社会主义为基本要求，始终保持公民道德建设的社会主义方向。要坚持以社会主义核心价值观为引领，将国家、社会、个人层面的价值要求贯穿道德建设各方面，以主流价值建构道德规范、强化道德认同、指引道德实践，引导人们明大德、守公德、严私德，在全社会形成崇德向善、见贤思齐、德行天下的浓厚氛围。把社会主义核心价值观日常化、具体化、形象化、生活化，使每个人都能深刻感知和领悟，使其内化为人们的精神追求和行动自觉。

推动中华传统美德创造性转化和创新性发展

我们党领导人民在革命、建设和改革的进程中，坚持马克思主义对人类美好社会的理想，继承和发扬中华传统美德，创造并形成了引领中国社会发展进步的社会主义道德体系。中华传统美德体现中华文化精髓，是新时代公民道德建设的不竭源泉。

习近平同志指出："中国传统文化博大精深，学习和掌握其中的各种思想精华，对树立正确的世界观、人生观、价值观很有益处。"例如，"苟利国家生死以，岂因祸福避趋之"的报国情怀，"富贵不能淫，贫贱不能移，威武不能屈"的浩然正气，"鞠躬尽瘁，死而后已"的献身精神等，为加强新时代公民道德建设提供了深厚的哲学底蕴和美德资源。加强新时代公民道德建设，必须坚持在继承传统中创新发展，自觉传承中华传统美德，积极推动其创造性转化和创新性发展，不断增强道德建设的时代性、实效性。要以礼敬自豪的态度对待中华优秀传统文化，充分发掘文化经典、历史遗存、文物古迹承载的丰厚道德资源，弘扬古圣先贤、民族英雄、志士仁人的嘉言懿行，让中华文化基因更好植根于人们的思想意识和道德观念。要深入阐发中华优秀传统文化所蕴含的讲仁爱、重民本、守诚信、崇正义、尚和合、求大同等思想理念，深入挖掘自强不息、敬业乐群、扶正扬善、扶危济困、见义勇为、孝老爱亲等传统美德，并结合新的时代条件和实践要求继承创新，充分彰显其时代价值和永恒魅力。

坚持教育引导与实践养成相统一

加强新时代公民道德建设，要把正确的道德认知、自觉的道德养成、积极的道德实践紧密结合起来，既要"坐而论"，更要"起而行"。

《纲要》既指明了新时代公民道德认知的科学内涵，又提出了新时代公民道德实践的具体要求。要注重教育引导，提升道德认知。把立德树人贯穿教育全过程，加强思想品德教育，帮助学生形成正确道德认知。用良好家教家风涵育道德品行，推动形成爱国爱家、相亲相爱、向上向善、共建共享的社会主义家庭文明新风尚，让美德在家庭中生根、在亲情中升华。要尊重人民群众的主体地位，激发人们形成善良的道德意愿、道德情感，培育正确的道德判断和道德责任，提高道德实践能力。引导人们将正确的

知行合一推进新时代公民道德建设

道德认知融入工作和生活，从日常生活入手，从身边小事做起，向往和追求讲道德、尊道德、守道德的生活。要坚持提升道德认知与推动道德实践相结合，形成知与行的良性互动。推进各类弘扬时代新风行动、群众性创建活动、学雷锋志愿活动、移风易俗行动，让教育引领和实践养成相辅相成、相得益彰。

坚持德治与法治有机统一

从某种意义上说，法律是成文的道德，道德是内心的法律。法律和道德都具有规范社会行为、调节社会关系、维护社会秩序的作用，在国家治理中都有重要地位和功能。加强新时代公民道德建设，需要坚持德治与法治有机统一。

主流价值与法律法规同频共振，可以保障和促进价值倡导和行动实践的有效统一。坚持德治与法治有机统一，加强新时代公民道德建设，要充分发挥法律法规的保障作用、公共政策的引导作用、工作机制的协调作用，形成多方参与、协同推进的工作格局，发挥法治对道德建设的保障和促进作用。把道德导向贯穿法治建设全过程，立法、执法、司法、守法各环节都要体现社会主义道德要求。应及时把实践中广泛认同、较为成熟、操作性强的道德要求转化为法律规范，推动社会诚信、见义勇为、志愿服务、勤劳节俭、孝老爱亲、保护生态等方面的立法工作。坚持严格执法，加大关系群众切身利益重点领域的执法力度，以法治的力量维护道德、凝聚人心。特别是各项公共政策制度从设计制定到实施执行，都应当体现道德要求，符合人们道德期待，实现政策目标和道德导向有机统一。要加强对公共政策的道德风险和道德效果评估，及时纠正与社会主义道德相背离的突出问题，促进公共政策与道德建设良性互动。按照社会主义核心价值观的基本要求，健全各行各业规章制度，修订完善市民公约、乡规民约、学生守则等行为准则，突出体现自身特点的道德规范，更好发挥规范、调节、评价人们言行举止的作用。

坚持积极倡导与有效治理并举

加强新时代公民道德建设，既要靠积极倡导，也要靠有效治理。伟大时代呼唤伟大精神，崇高事业需要榜样引领。要遵循道德建设规律，既选树时代楷模又选树最美人物、身边好人，构建多层次示范群体，综合运用宣讲报告、事迹报道、专题节目、文艺作品、公益广告等形式，广泛宣传他们的先进事迹和突出贡献，树立鲜明时代价值取向，彰显社会道德高度。要尊崇褒扬、关心关爱先进人物和英雄模范，建立健全关爱关怀机制，维护先进人物和英雄模范的荣誉和形象，形成德者有得、好人好报的价值导向，充分发挥他们的引领示范作用。公民道德建设既要面向全体社会成员开展，也要聚焦重点、抓住关键。这就要求区分不同对象、层次，把道德建设的先进性要求与广泛性要求结合起来。比如，党员干部要加强政德修养，在道德建设中起表率作用；青少年要不断修身立德，打牢道德根基；社会公众人物要注重道德自律，树立良好社会形象。

加强新时代公民道德建设，必须深化道德领域突出问题治理，树立新风正气、祛除歪风邪气。要综合施策、标本兼治，运用经济、法律、技术、行政和社会管理、舆论监督等各种手段，有力惩治失德败德、突破道德底线的行为。组织开展道德领域突出问题专项治理，不断净化社会文化环境。针对污蔑诋毁英雄、伤害民族感情的恶劣言行，特别是对于损害国家尊严、出卖国家利益的媚外分子，要依法依规严肃惩戒，发挥警示教育作用。针对食品药品安全、产品质量安全、生态环境、社会服务、公共秩序等领域群众反映强烈的突出问题，要逐一进行整治，让败德违法者受到惩治、付出代价。建立惩戒失德行为常态化机制，形成扶正祛邪、惩恶扬善的社会风气。

（《人民日报》2019 年 12 月 19 日）

以核心价值观为引领
加强公民道德建设

中国人民大学　宋友文

  《新时代公民道德建设实施纲要》提出，要坚持以社会主义核心价值观为引领，强调将培育和践行社会主义核心价值观作为新时代公民道德建设的重点任务来抓好，深化了我们党对社会主义道德建设规律的认识，标志着对公民道德建设理论与实践的探索达到了一个新的高度。加强新时代公民道德建设，要坚持以社会主义核心价值观为引领，充分体现社会主义核心价值观的价值导向、实践要求和治理效能，推动全民道德素质和社会文明程度不断提升。

  加强新时代公民道德建设要充分体现社会主义核心价值观的价值导向。公民道德建设是在中国社会从高度集中的计划经济体制到充满活力的社会主义市场经济体制、从封闭半封闭到全方位开放的历史性转变过程中产生和发展的。这一历史性转变引发了人的存在方式的变革特别是思维方式和道德观念的变革，个体价值取向呈现出多样性的特点。这就需要公民道德建设一方面要积极适应市场经济和改革开放所带来的道德观念的变化，另一方面要坚持正确的价值导向，努力引导市场经济和改革开放的健康发展，使之沿着正确的方向前进，不断促进经济有序运行、社会和谐进步。在当代，坚持正确的价值导向就是坚持以社会主义核心价值观为引领加强公民道德建设。社会主义核心价值观反映了全国各族人民共同认可的价值理念和道德规范的"最大公约数"，凝聚了全党全社会的价值共识，代表了社会主义道德的前进方向。从这个意义上讲，社会主义核心价值观是一种德，既是个人的德又是国家和社会的大德。因此，加强新时代公民道德建设要将国家层面的富强民主文明和谐、社会层面的自由平等公正法治、个人层面的爱国敬业诚信友善的价值要求贯穿于道德建设的各个方面各个环节，以主流的价值导向构建公民道德规范、强化公民道德认同、指引道德实践，积极引导人们明大德、守公德、严私德，积极引导人们追求讲道德、尊道德、守道德的生活，广泛形成向上向善的力量，不断夯实

以核心价值观为引领加强公民道德建设

中国特色社会主义的思想道德基础。

加强新时代公民道德建设要充分体现社会主义核心价值观的实践要求。作为社会主义精神文明建设成果的公民道德建设，鼓励社会全员积极参与，是人民群众自我教育、自我提高的生动实践。全体社会成员都是公民道德建设的践行者和受益者。同时，公民道德建设覆盖了社会各个成员和各个领域，具有最大的广泛性、普遍性和实践性。新时代公民道德建设坚持以社会主义核心价值观为引领，因为社会主义核心价值观本身具有很强的实践指向，培育践行社会主义核心价值观为开展公民道德建设提供了实践基础和重要载体。因此，新时代公民道德建设必须把社会主义核心价值观倡导的价值理念和道德规范深度融入人们的日常生活中去，真正做到落细、落小、落实，使人们在日常生活中感知、接受、认同和践行社会主义核心价值观。要按照社会主义核心价值观的基本要求，健全各行各业规章制度，完善市民公约、乡规民约、学生守则等行为准则，使社会主义核心价值观成为人们日常工作生活的基本遵循。要制定和完善重要的礼仪礼节制度，组织开展形式多样的纪念庆典活动，积极传播主流价值，增强人们对党和国家、对组织集体的认同感、归属感和荣誉感。要把社会主义核心价值观的要求深度融入各种精神文明创建活动之中，将社会公德、职业道德、家庭美德、个人品德建设贯穿创建全过程，使社会主义核心价值观的影响像空气一样无所不在、无时不有，形成广泛参与、深度融合的良好社会氛围，不断提高人们的思想道德境界、培育积极向上向善的社会文明风尚。

加强新时代公民道德建设要充分体现社会主义核心价值观的治理效能。公民道德重在建设，不仅仅是思想教育问题，也是社会发展和国家治理问题。我们知道，培育和践行社会主义核心价值观是社会系统得以正常运转、社会秩序得以有效维护的重要途径，也是国家治理现代化的重要方面。因此，加强新时代公民道德建设坚持以社会主义核心价值观为引领，就是要与推进国家治理现代化结合起来，充分体现社会主义核心价值观的治理效能。社会主义核心价值观入宪入法是我们党推进国家治理现代化的重要创新，彰显了法律法规的社会主义核心价值观导向，为加强和改进新时代公民道德建设指明了方向和路径。加强新时代公民道德建设，要高度重视发挥社会主义核心价值观的制度保障作用和社会治理效能，使经济、政治、文化、社会、生态文明等各方面的体制机制都有利于社会主义核心价值观的培育和弘扬。加强和改进新时代公民道德建设，要坚持依法治国与以德治国相结合，以道德滋养法治精神，以法治体现道德理念，推动社会主义核心价值观深度融入法治建设，将社会主义核心价值观的基本要求体现到中国特色社会主义法律体系，体现到法律法规立改废释、公共政策制定修订、社会治理改进完善之中，为弘扬主流价值提供良好的社会环境和制度保障。加强新时代公民道德建设既要靠教育倡导，也要靠有效治理。治理要承担起倡导社会主义核心价值观的责任，注重在国家治理和社会治理中体现鲜明价值导向，使符合社会主义核心价值观的行为得到倡导和鼓励，违背社会主义核心价值观的行为受到制约和惩处，形成扶正祛邪、惩恶扬善的良好社会风气。

（《光明日报》2019 年 11 月 12 日）

新时代公民道德建设的"路线图"

中国社会科学院　　冯颜利　严　政

《新时代公民道德建设实施纲要》指出:"加强公民道德建设、提高全社会道德水平,是全面建成小康社会、全面建设社会主义现代化强国的战略任务,是适应社会主要矛盾变化、满足人民对美好生活向往的迫切需要,是促进社会全面进步、人的全面发展的必然要求。"从国家建设、人民生活、社会和人的发展三个层面廓清了加强新时代公民道德建设的目标维度,为新时代公民道德建设提供了清晰的目标遵循,描绘了新时代公民道德建设的"路线图",为新时代公民道德建设提供了有效的路径遵循。

新时代公民道德建设的目标遵循

邓小平同志在改革开放之初就强调物质文明和精神文明"两手抓"的辩证法："我们要建设的社会主义国家，不但要有高度的物质文明，而且要有高度的精神文明。""没有这种精神文明，没有共产主义思想，没有共产主义道德，怎么能建设社会主义？"改革开放以来特别是党的十八大以来，我国道德领域总体呈现积极健康向上的良好态势，但市场化、全球化、多样化的社会思潮对人民大众的理想信念、价值理念、道德观念所造成的冲击不容小觑。一些地方、一些领域、一些社会成员不同程度地存在道德迷茫、道德失范甚至道德缺失等问题，社会文明程度与全面建设社会主义现代化强国的要求相比，还存在差距。因此，加强新时代公民道德建设，首要目标就是立根塑魂、正本清源，为全面建设社会主义现代化强国奠定坚实的思想道德基础。

满足新时代人民群众日益增长的美好精神生活需要。进入新时代，人民群众的美好精神生活需要与社会文明程度之间矛盾日益凸显，精神生活的品质成为全社会普遍关注的热点议题。社会道德水平既是社会文明程度的重要标志，也是人民群众精神生活的重要起点，人民群众的社会公德、职业道德、家庭美德和个人品德，对他们的实践方式、认知方式和思维方式都会产生深刻影响。因此，加强新时代公民道德建设，一个很重要的目标就是通过不断提高全社会道德水平，满足新时代人民群众日益增长的美好精神生活需要。

旨归新时代社会全面进步与人的全面发展。社会的全面进步和人的全面发展常常同向而行。马克思恩格斯所描绘的共产主义社会，是"自由人的联合体"，"每个人的自由发展是一切人的自由发展的条件"。道德领域既是社会上层建筑的重要领域，也是个人精神世界的重要构成，社会的全面进步和人的全面发展都离不开公民道德素质的提升。人民群众的思想境界越高，投身中国特色社会主义伟大实践的行动越有深度、广度和力度，社会进步和个人发展就越有速度和高度。因此，加强新时代公民道德建设的深层目标，就是通过不断提高全社会道德水平，"培养和造就担当民族复兴大任的时代新人"，持续推动新时代社会全面进步与人的全面发展。

新时代公民道德建设的内容遵循

《新时代公民道德建设实施纲要》（以下简称《纲要》）强调指出，要以习近平新时代中国特色社会主义思想为指导，在全民族牢固树立中国特色社会主义共同理想，在全社会大力弘扬社会主义核心价值观，培养和造就担当民族复兴大任的时代新人，搭建了新时代公民道德建设的内容框架，为新时代公民道德建设提供了系统的内容遵循。

以习近平新时代中国特色社会主义思想为理论基础。习近平总书记指出："人而无德，行之不远。没有良好的道德品质和思想修养，即使有丰富的知识、高深的学问，也难成大器。"推进新时代公民道德建设，首先要学懂弄通做实习近平新时代中国特色社会主义思想中关于思想道德建设的基本要求。习近平新时代中国特色社会主义思想蕴含丰富的思想道德建设理论，既有"始终把弘扬中华民族传统美德、加强社会主义思想道德建设作为极为重要的战略任务来抓，为实现中华民族伟大复兴的中国梦提供强大精神力量和有力道德支撑"的系统阐释，又有"幸福源自奋斗""成功在于奉献""平凡孕育伟大""补足精神之钙""弘扬工匠精神""致敬英雄模范"的生动表达，在新时代公民道德建设的目标、意义、内容、手段、方法、路径等方面提出了一系列的新思想新观点新论断。

以中国特色社会主义共同理想与共产主义远大理想为时代主题。中国特色社会主义的共同理想，是把我国建成社会主义现代化强国，实现中华民族伟大复兴的"中国梦"，共产主义远大理想则着眼于实现人的自由全面发展和人类解放。理想信念引领着人们的道德追求，在社会主义建设时期，涌现出了王进喜、雷锋、时传祥等一批大公无私、不畏困难、爱岗敬业、为社会主义事业勇于献身的道德楷模；改革开放以来，同样涌现出了李素丽、孔繁森、徐本禹等一批艰苦朴素、淡泊名利、勇于拼搏、为人民群众福祉无私奉献的道德楷模。理想信念是克敌制胜的重要法宝，习近平总书记在参观中央红军长征出发纪念馆时指出："理想信念之火一经点燃，就永远不会熄灭。"把实现个人理想融入实现国家富强、民族振兴、人民幸福的伟大梦想之中，坚定理想信念，增强"四个自信"，是新时代公民道德建设的时代主题。

以爱国主义为核心的民族精神和改革创新为核心的时代精神为宝贵资源。以爱国主义为核心的民族精神是几千年来中华民族的优秀积淀，以改革创新为核心的时代精神是实现中华民族伟大复兴中国梦的必然要求。二者都蕴含着丰富的道德理论与道德实践思想，是新时代公民道德建设可资利用的宝贵资源。深入挖掘民族精神，就是要弘扬以爱国主义为核心、团结统一、爱好和平、勤劳勇敢、自强不息的传统美德、优秀价值和道德境界，推动中华优秀传统文化创造性转化和创新性发展，不断增强道德建设的时代性实效性；深刻阐发时代精神，就是要弘扬以改革创新为核心、自我净化、自我完善、自我革命、自我提高的革命传统、创新理念和奋斗精神，不断解放思想、实事求是、与时俱进、求真务实，使全体人民保持昂扬向上、奋发有为的精神状态。

以社会主义核心价值观为价值引领。社会主义核心价值观所倡导的富强民主文明和谐，自由平等公正法治，爱国敬业诚信友善等价值理念，涵盖了社会公德、职业道德、家庭美德、个人品德的方方面面，凝练了新时代中国特色社会主义的核心价值，是凝聚新时代中国力量的思想道德基础。习近平总书记曾指出："要利用各种时机和场合，形成有利于培育和弘扬社会主义核心价值观的生活情景和社会氛围，使核心价值观的影响像空气一样无所不在、无时不有。"坚持以社会主义核心价值观为价值引领，将国家、社会和个人层面的价值要求贯穿到道德建设各方面，有利于帮助人民群众塑造良好的道德规范和道德认同，提高公民明德修身、立德树人的道德自觉，进而提升全社会的思想道德水平。

新时代公民道德建设的路径遵循

《纲要》强调，加强公民道德建设是一项长期而紧迫、艰巨而复杂的任务，要通过深化道德教育引导、推动道德实践养成、抓好网络空间道德建设、发挥制度保障作用、加强组织领导，全面推进公民道德建设。描绘了新时代公民道德建设的"路线图"，为新时代公民道德建设提供了有效的路径遵循。

完善三类保障。一是完善组织保障。习近平总书记强调指出，办好中国的事情，关键在党。党的领导是中国特色社会主义最本质的特征、中国特色社会主义制度的最大优势。新时代公民道德建设是一项基础性、战略性工程，要坚持党的坚强领导，建立党、政、群、团齐抓共管的横向联动机制，推动顶层、中层、基层同向发力，促进全体人民在理想信念、价值理念、道德观念上紧密团结在一起。二是完善法律保障。坚持依法治国和以德治国相结合，充分发挥社会主义法治的保障和促进作用，把社会主义道德要求贯彻到立法、执法、司法和守法过程之中，运用法治手段解决社会突出道德问题，以法治力量承载道德理念、弘扬公平正义。三是完善制度保障。各行各业的规章制度是自我教育、自我管理、自我约束的重要道德规范，要进一步完善行规行范、市民公约、乡规民约、学生守则等行为准则，严格要求，身体力行，共同提高思想道德水平。

聚焦三类主体。公民道德建设要坚持目标导向和问题导向相统一，重点聚焦党员干部、社会公众人物和青少年学生三类主体。党员干部是起模范带头作用的"排头兵"，党员干部的道德水平是人民群众自觉"看齐"的标准线，要从严从紧落实全面从严治党新要求，在学懂弄通做实习近平新时代中国特色社会主义思想的过程中不断淬炼党员干部的理想信念，夯实党员干部的道德底线，砥砺党员干部的精神品质，让党员干部成为新时代公民道德建设的中流砥柱。

社会公众人物是具有超强影响力的"风向标"，社会公众人物的言行举止，是人民大众争相模仿的样板，要加强对社会公众人物的思想道德引领，引导社会公众人物成为社会公德、职业道德、家庭美德、个人品德的倡导者、传播者、践行者，让社会公众人物成为新时代公民道德建设的重要表率。

青少年学生是习德悟道的"生力军"，青少年学生良好的道德认知和道德品质是扣好人生第一粒扣子的重要基础，要构建家庭、学校、政府、社会四位一体的立德树人网络，用纯正的家风、优良的学风、崇高的党风、干净的社风熏陶和感染青少年学生，深化道德教育引导，推动道德实践养成，为青少年学生的成长与发展奠定坚实的思想道德基础。

　　建强三类阵地。新时代公民道德建设不是"运动战"，而是"阵地战"，不仅需要把握规律、积极创新的"巧劲"，更需要持之以恒、久久为功的"韧劲"。

　　加强新时代公民道德建设，首先，要建强教育阵地。要坚持以立德树人为根本任务，建立大中小学相互衔接、本硕博阶段各有侧重的公民道德教育学科体系、教学体系、教材体系、管理体系，培育有理想信念、有道德情操、有扎实学识、有仁爱之心的师资队伍，从道德认知、道德意愿、道德情感、道德判断、道德责任五大维度深化道德教育引导，营造有利于学生修德立身的良好氛围，提升学生群体的思想道德修养。

　　其次，要建强实践阵地。要加强新时代文明实践中心、爱国主义教育基地、优秀传统文化教育基地、革命纪念基地、图书馆、文化馆、博物馆、纪念馆、科技馆等实践活动场馆建设，深入开展"不忘初心、牢记使命"主题教育活动、"两学一做"学习教育、"学雷锋"志愿服务活动、红色主题研学旅行活动，以及各级各类文明创建活动，推动习近平新时代中国特色社会主义思想、社会主义和共产主义理想、民族精神和时代精神以及社会主义核心价值观所倡导的价值规范内化为道德修养。

再次，要建强网络阵地。一方面，要加大网络治理力度，净化网络道德环境、规范网络道德行为；另一方面，要弘扬网络道德主旋律，实施网络内容建设工程，丰富网络道德实践，营造风清气正的网络空间道德新风尚。

（《中国青年报》2019 年 12 月 9 日）

以中华传统美德涵养
新时代公民道德

山东省委党校（山东行政学院） 尹传政

近日，中共中央、国务院印发《新时代公民道德建设实施纲要》（以下简称《纲要》），明确指出中国特色社会主义进入新时代，加强公民道德建设、提高全社会道德水平，是全面建成小康社会、全面建设社会主义现代化强国的战略任务，也是适应社会主要矛盾变化、满足人民群众对美好生活向往的迫切需要，更是促进社会全面进步、人的全面发展的必然要求。《纲要》明确要求继承和弘扬中华传统美德，以加强新时代公民道德建设。

中华文明源远流长，孕育了中华民族的宝贵精神品格，培育了中国人民的崇高价值追求。中华传统美德是中华文化精髓，是道德建设的不竭源泉。中华传统美德在长期的发展过程中，形成了以爱国主义为核心的民族精神，铸就了勤劳勇敢、自强不息的思想和观念，成为中华民族生生不息、发展壮大的坚实精神支撑和强大道德力量。

充分发掘中华优秀传统文化蕴涵的丰厚资源，为新时代公民道德培育提供不竭的精神源泉。"中华优秀传统文化中很多思想理念和道德规范，不论过去还是现在，都有其永不褪色的价值。"作为传统文化传承载体的文化经典、历史遗存和文物古迹都蕴含着丰富的中华传统美德。我们要激活中华优秀传统文化的生命力，在礼敬、保护文化经典、历史遗存的前提下充分运用其文化资源，去粗取精，推陈出新，进一步挖掘和揭示传统文化蕴含的传统道德价值，努力实现对中华传统美德在继承中创造性转化，在实践中创新性发展，为培育和践行社会主义核心价值观提供不断的丰富滋养。

弘扬古圣先贤、民族英雄、志士仁人的嘉言懿行，让中华民族的优秀品格更好植根于人们的思想意识和道德观念。习近平总书记在会见中国少年先锋队第七次全国代表大会代表时强调："要学会做人的准则，就要学习和传承中华民族传统美德。"古圣先贤、民族英雄、志士仁人都是中华民族千年优秀杰出人物的代表，他们每一位身上都体现着中华优秀传统美德。有的以家国社稷为己任，"修身齐家治国平天下"，"为天地立心，为生民立命"；有的舍身为国，"人生自古谁无死，留取丹心照汗青"。新时代弘扬古圣先贤、民族英雄、志士仁人的优秀品格，可以涵养深沉的家国情怀和个人道德意识，培养民众的国家意识和社会责任。

深入阐发中华优秀传统文化蕴含的讲仁爱、重民本、守诚信、崇正义、尚和合、求大同的思想理念，凝聚新时代公民道德建设的核心价值观。中华优秀传统文化是涵养社会主义核心价值观的重要源泉，牢固的核心价值观都有其历史文化的传承，抛弃传统就等于割断自己的精神命脉。中华文化源远流长，积淀着中华民族最深层的精神追求，代表着中华民族独特的精神标识，为中华民族生生不息、发展壮大提供了丰厚滋养。

不忘本来才能开辟未来，善于继承才能更好创新。以尚和合思想中所倡导的"君子和而不同，小人同而不和"，推进社会层面的和谐相处，做到个人友善待人。以守诚信思想中所提出的"失信不立""人而无信，不知其可也"等，实现人与人之间诚实守信，营造风清气正的社会风气。由此可见，中华传统美德是新时代公民道德建设的重要基础和源泉，要继承和弘扬我国人民在长期实践中培育和形成的传统美德，引导人们向往和追求讲道德、尊道德、守道德的生活，让每一个人都成为传播中华传统美德的主体。

深入挖掘自强不息、敬业乐群、扶正扬善、扶危济困、见义勇为、孝老爱亲等传统美德，构筑新时代公民精神生活、道德实践的鲜明标识。发扬"天行健，君子以自强不息""以修身自强，则名配尧禹"等自强不息精神，激励我们在实现中华民族伟大复兴中干事创业、担当作为。弘扬"事父母，能竭其力""谁言寸草心，报得三春晖"等孝老爱亲的传统美德，必将有助于良好家风民风的形成，从而实现"里仁为美"，助推良好的社会风气实现。深入挖掘自强不息、扶正扬善、扶危济困、见义勇为、孝老爱亲等传统美德，激发人们形成善良的道德意愿、道德情感，这样中华民族才会始终涵养美好崇高的道德境界，才能在现代化进程中永葆青春。

（《光明日报》2019 年 10 月 31 日）

新时代道德教育要扎根于日常生活

电子科技大学　李怀杰

近日，中共中央、国务院印发了《新时代公民道德建设实施纲要》（以下简称《纲要》）。这是新时代加强公民道德建设、提高全社会道德水平的要求，也是适应社会主要矛盾变化、满足人民对美好生活的向往和促进人的全面发展的迫切需要。《纲要》提出，推动践行以爱国奉献、明礼遵规、勤劳善良、宽厚正直、自强自律为主要内容的个人品德，鼓励人们在日常生活中养成好品行。这一要求，提出道德教育要在公民日常生活中养成，是对新时代公民个体的品德养成提出了新要求、新规范和新方向。

道德，是调整个体与社会关系的规范，是判断好坏、善恶的标准，对于维护和实现社会和谐与国家法治，维系和发展公民个体与他人、与社会、与自然的健康合理关系具有重要意义。在当前新时代，人们身处复杂多变的市场经济环境，日常生活中每个人都或多或少面对诸多突出的道德问题，如食品安全、环境污染、自然破坏以及"老人跌倒不敢扶起"、忽悠亲人熟人传销、"套路贷"、"电话诈骗"、"网络骗局"等现象和问题。这些问题的解决除了依靠强有力的法律治理和公开惩戒外，还需要依靠社会道德建设和教育，需要每位公民充分认识、认同和坚信道德规范和责任，在日常生活中身体力行和榜样示范。为此，就公民个体教育层面而言，道德教育需要扎根日常生活世界，从真实生活、日常行为和意义追求三个层面深入推进。

道德教育要面向生活世界的"真实"与"善美"。道德认知，是道德教育的基础，是公民在生活世界中具有的基本常识与传统习俗，对丰富多彩、客观真实的生活世界作出道德判断和认知。道德教育要想真实有效，需要立足于现实世界，立足于生活中对善美的发现和追求。

首先，道德教育是在生活世界中实现对自我与他人、社会和自然的真实认识，而不是虚假、歪曲和套路认识，通过公民理性能力、生活常识和参与经历体验，达到对客观世界的真实认知和理解，形成"知识—体验—认知"的道德认识，使自我的道德认识扎根于日常多样性、时代性的生活世界，才能做出真实、客观的好坏、善恶评价，而不是脱离现实生活做"宅男宅女"，盲目从众、听信他人，陷入道德盲区。

其次，道德教育要在生活世界中弘扬善和美。在真实感受生活世界之后，公民内心确立起自我的道德认知和评价标准，以此为出发点，使道德教育走向丰富多彩的生活世界，植根于日常生活、日常工作、日常人际交往等，以利他之心服务社会，以从善之行福利他人，以崇美之为引导众人，带给世界光明和温暖。唯有如此，道德教育才能真实有力，才能使每位公民都脚踏实地，内心有力量，行为有意义，才能避免假大空，避免虚情假意的道德表演。

道德教育要注重日常生活"日用"与"示范"。在名利荡漾的市场经济浪潮中，很多人的注意力落到了"你输我赢"的激烈竞争陷阱，经常感到内心焦虑和紧张，如何保持平静的心，理顺社会关系和过上美好生活，是当下道德教育面对的重要问题。这个问题的破解，就需要道德，需要道德发挥平衡和规范自我与他人、与社会的关系，需要关注公民的日常生活，把道德认识、道德原则和道德规范应用到日常不同生活场景，使公民知晓和理解个体的道德责任和道德权利，使每位公民认同、信任和遵守道德以过上更美好的生活。

其一，道德教育要注重公民微观世界的生活教育，通过《纲要》提出的日常宣传教育、日常生活的礼仪教化等，积极引导公民做到"日用而不觉"，形成"我为人人、人人为我"的和谐共赢、健康文明状态。

其二，作为公民个体来说，道德教育不仅注重在日常生活世界中展开，使公民个体获得道德认同、体验和坚信，还要努力激发道德行为的外化，如公民性先进示范的榜样行为，如《纲要》中提出雷锋志愿服务、通过对他人和社会的模范带头行动，实现自我价值和引导他人同行，体现出爱国、诚信、明礼、奉献、自强、拼搏等向善向上的社会主义核心价值观精神，展现出公民高尚的道德风范。

道德教育要激励公民在日常生活中追寻"意义"与成就"价值"。很多人错误地认为，道德仅仅就是一种规范，一种训诫，一种压抑人性的困束。其实，在日常生活世界中，道德还发挥着正面引导、激励他人和解放人性的正面作用。通俗来讲，就是通过道德教育赋予公民的道德责任与使命，明白公民活着的重大意义和价值，激励公民做一位好人，成为一位具有真善美和使命感的卓越公民。

首先，道德教育要注重正面激励，树立自己人生自己负责和开拓的使命感，在认知层面让不同层次的公民知道、理解和认同个体对他人、社会、国家和自然肩负的道德责任和义务，注重赋予生活世界各类活动的重要意义，唤醒其心中的"巨人"，做到"点石成金"。

其次，道德教育要注重激发行动力，激励公民在日常生活世界的工作、交往、家庭、学习等层面脚踏实地、勇于行力和做出一番或大或小的人生事业，日常随处可见的宣传语，如"平凡中孕育着伟大""幸福都是奋斗出来的"等等就是这个道理，激励公民在生活世界中实现人生理想与社会价值。因此，在日常生活世界中，当每位公民清楚自己的人生追寻和意义时，明白每个人的一点贡献和奉献，都会助力美好家庭、和谐社会、幸福中国的实现，那么无数奋发有为的公民个体将汇集成伟大民族复兴的浪潮，中华民族伟大复兴将会爆发出磅礴之力。这也就是《纲要》提出加强新时代道德教育建设的目的和要求。

（光明网 2019 年 11 月 6 日）

在对外交流交往中
展示中国公民的文明素养

西南财经大学　刘世强

公民道德建设关系国家形象，中国文化软实力的提升离不开公民良好的道德水准和文明素养。国际风貌是公民道德素质是有机组成，是外部世界评判中国文明和进步程度的重要依据。近日，中共中央、国务院印发了《新时代公民道德建设实施纲要》，明确指出要在对外交流交往中展示文明素养。

改革开放以来，中国逐渐融入国际社会，中国人也大踏步迈出国门、走向海外。中国公民对外交往的过程也是向世界展示国家形象的过程，他们的一言一行都是国际社会了解中国的重要窗口。在这个意义上，外交不仅仅是涉外政府部门的专有工作，每个拥有跨国交往经历的公民都在参与公共外交，建构中国形象。

总体上看，外国公众认可中国人的勤劳、勇敢、自强、独立，对来自中国的游客持欢迎态度。不过，中国人在对外交往中的确存在不少不文明的行为。究其原因，有民众经济实力与文明素质之间的落差，也有中外发展程度和文化背景的差异，还有政策引导的缺位。一些不文明行为被不少外国媒体所诟病，且经常被有意无意放大，将个体的问题上升为对整个国家的道德评价，影响到中国在世界上的形象和声誉。

党的十八大以来，以习近平同志为核心的党中央高度重视公民道德建设，立根塑魂、正本清源，作出一系列重要部署，大力弘扬社会主义核心价值观和中华优秀传统文化，中国人的思想觉悟、道德水准、文明素养不断提高，国家文化软实力和中华文化影响力大幅提升。在对外交往层面，中国人的国际形象也在悄然发生变化。文化和旅游部发布的《2018 年中国出境游游客文明形象年度调查报告》显示，中国游客文明出游程度正在提高，六成国外受访者欢迎并认可中国游客的到来。这表明中国公民的文明素养和整体形象在不断提升。

在中国与世界互动更加频繁的新时代，面对建设社会主义现代化强国的新要求，我们必须进一步加强公民道德建设，在涉外场合树立中国人自尊自信、开放包容、积极向上的良好形象，增加国际社会对中国的亲近感和认同度。

首先，要持续改进和加强国内治理。公民文明素养的提升很大程度上源于一国良好的国内治理。发达的经济、先进的科技、廉洁高效的政府、稳定和谐的社会、优美宜人的环境，这些都为中国公民在涉外交往中自尊自信提供了根本前提。我们要坚持和完善中国特色社会主义制度，大力推动治理体系和治理能力现代化，以人民群众对美好生活的期待为努力目标，着力解决国家发展进程中的突出矛盾和焦点问题，不断提升民众的安全感和幸福感，使民众走出国门更有底气和信心。

其次，要注重制度建设和政策引导。从提升国家文化软实力的战略高度重视中国公民的国际交往，顶层设计提升公民国际素养的战略规划。持续推出国际"文化年""旅游年"活动，开发更多特色鲜明的人文交流项目，促进中外民众特别是青年之间的互动交流和相互理解。加强出入境管理机构、海关、驻外机构、旅行社、网络旅游平台等协调合作，加强文明宣传教育，引导中国公民在境外尊重当地法律法规和文化习俗。坚持激励和惩戒并举，对在涉外交往中文明得体、维护国家利益和荣誉的典型事迹予以表彰宣传，对违法败俗、有损国家形象的负面案例进行批评教育。

最后，要强化公民国际知识的教育。学校是公民国际观教育的主阵地，在课程设置上应增加国际经济与政治、全球治理、跨文化交流等方面的内容，培养具有国际视野、通晓国际规则、能够参与国际事务和国际竞争的国际化人才。学界要加强公民对外交流交往重大理论和实践问题的研究，并将专业内容转化为民众易于理解接受的大众知识。新闻媒体要正确引导社会舆论，对国际事件和热点问题进行全面准确报道，不能为了吸引眼球而进行选择性解读甚至故意歪曲事实，要帮助公众树立正确理性的国际观。公民要提高自我教育的意识和能力，自主学习涉外知识，积极参加国际公益活动，不断提升自身的眼界和视野。

总之，作为国家公共外交的重要组成部分，公民的对外交往关乎国家形象。我们要适应新时代新要求，持之以恒地加强公民道德建设，向世界展示中国公民自信、开放、理性、包容的良好形象，推动中外民众的民心相通达到新的高度，为构建更加紧密的人类命运共同体提供不竭动力。

（光明网 2019 年 11 月 8 日）

▼ 在对外交流交往中展示中国公民的文明素养

以审美教育促进公民道德建设

华东政法大学　张　弓　乐中保

　　坚持和发展中国特色社会主义，需要物质文明和精神文明全面发展、人民物质生活和精神生活水平全面提升。党的十九届四中全会《决定》提出，"加强爱国主义、集体主义、社会主义教育，实施公民道德建设工程"。中共中央、国务院日前印发的《新时代公民道德建设实施纲要》强调，"加强公民道德建设、提高全社会道德水平，是全面建成小康社会、全面建设社会主义现代化强国的战略任务"。党的十八大以来，以习近平同志为核心的党中央高度重视公民道德建设，作出一系列重要部署，推动公民道德建设取得显著成效。实践证明，审美教育作为一种文化与文明教育，能够为实施公民道德建设工程提供重要抓手。

审美教育简称美育，它以各种艺术作品和艺术活动为手段，不断提高人们的审美能力和审美水平，帮助人们形成健康的审美观念、审美趣味、审美理想，以造就全面发展的人。虽然审美教育的概念出现较晚，但人们很早就懂得审美教育的重要性特别是其对道德养成的重要意义并付诸实践。我国古代曾以"六艺"(礼、乐、射、御、书、数)教授学生，其中"乐"和"书"主要是用音乐和书法来进行审美教育。儒家创始人孔子特别重视诗和乐（文学和音乐）的审美教育价值，认为人的教育可以"兴于诗、立于礼、成于乐"。在西方，古希腊雅典的教育分为体操教育和缪斯教育，都包含着审美教育，而且强调审美教育与德育、智育、体育的有机结合。

总体来看，审美教育具有寓教于乐、怡情养性、潜移默化等特征，能有效推动公民道德建设。首先，审美教育是一种寓教于乐的形象教育，可以把道德教育蕴含在审美意象和艺术形象之中。中华民族在历史发展进程中涌现出一批又一批英雄模范人物，他们的光辉形象铸就了中华民族的审美意象，他们一旦被艺术作品所表现也就成为艺术形象。审美教育可以通过这些审美意象和艺术形象，激发人们见贤思齐、学习英雄模范的内在动力。其次，审美教育是一种怡情养性的心灵教育，是针对人们心灵的"知、情、意"的整体教育，可以把道德教育转化为情感的感染力量，触及人们心灵的深处，让社会主义核心价值观发挥春风化雨、沁人心脾的作用，进而提升公民的思想觉悟、道德水准和文明素质。再次，审美教育是一种潜移默化的动态教育，可以把道德教育通过审美意象和艺术形象的情感感染，贯穿到家庭教育、学校教育、社会教育全过程，形成良好的家风、优良的学风、文明的社会风气，给受教育者日积月累、润物无声的熏染。以审美教育促进公民道德建设，具体可以从家庭、学校、社会三个层面的审美教育入手。

通过家庭的审美教育塑造孩子的美好心灵。习近平同志指出："家庭是人生的第一所学校，家长是孩子的第一任老师，要给孩子讲好'人生第一课'，帮助扣好人生第一粒扣子。"家庭作为社会的基本细胞，是道德养成的起点，也是审美教育的肇始。家庭教育应高度重视审美教育，善于通过审美教育塑造孩子的美好心灵。这就要求广大家长更新家庭教育观念，坚持科学的育儿观、成才观、成人观，善于以生动活泼的审美形式和艺术形式引导孩子逐渐形成正确的世界观、人生观、价值观。广大家长应注重通过审美教育弘扬中华民族传统家庭美德，倡导现代家庭文明观念，推动形成爱国爱家、相亲相爱、向上向善、共建共享的社会主义家庭文明新风尚，让美德在家庭中生根、在亲情中升华；要重言传、重身教，既教孩子知识，更重视培育孩子品德，通过审美教育让正确的道德观念在孩子心中扎根。

通过学校的审美教育提高学生的道德素养。学校教育在人的一生中具有十分重要的地位，对一个人世界观、人生观、价值观和道德品质的形成具有十分重要的影响。因此，以审美教育促进公民道德建设，需要全面加强和改进学校审美教育，坚持以美育人、以文化人，提高学生审美和人文素养。学校审美教育应以审美方式和艺术方式全面贯彻党的教育方针，坚持社会主义办学方向，坚持育人为本、德育为先，以美启智、以美扬善，构建德智体美劳全面培养的教育体系。在加强思想品德教育的过程中，应遵循不同年龄阶段学生的道德认知规律和"感美教育、立美教育、创美教育"的审美规律，根据基础教育、职业教育、高等教育的不同特点，把社会主义核心价值观和正确的道德观念传授给学生。在社会实践活动中，应运用审美方式和艺术方式传播劳动精神、劳动观念，以马克思主义劳动创造美的美学理论观点，帮助学生养成热爱劳动、尊重劳动的习惯，进而使学生更加主动自觉地认识社会、了解国情，增强社会责任感。同时，可以师德师风建设审美化和艺术化，塑造优良师德师风，使每一个教师都坚持以德立身、以德立学、以德施教、以德育德，立志做有理想信念、有道德情操、有扎实学识、有仁爱之心的好老师。此外，审美教育还应以丰富的审美文化培育优良校风，开展各种各样的校园审美和艺术活动，让学生在修德立身的良好氛围中茁壮成长。

通过社会的审美教育陶冶社会道德情操。加强公民道德建设，需要营造良好社会环境，引导全社会崇德向善。审美教育从社会层面助力公民道德建设，一个重要抓手就是以优秀文艺作品引领道德风尚、陶冶道德情操。历史和现实都表明，文以载道、文以传情、文以植德，举精神之旗、立精神支柱、建精神家园，都离不开文艺。文艺作品作为一种"按照美的规律来构造"的精神生产和话语生产，应是真、善、美的形象显现和传递。社会审美教育应充分运用文艺形式，以美的形象感染人，让人们在审美愉悦中接受道德教育，树立正确的世界观、人生观、价值观，形成良好的道德品质。要充分发挥文艺培育和弘扬社会主义核心价值观的优势，用讴歌党、讴歌祖国，讴歌人民、讴歌英雄、讴歌劳动、讴歌奉献的精品力作，润物无声地传播真、善、美，弘扬崇高的道德理想和道德追求，以具体、独特、感人的审美形象让人们在审美愉悦之中受到教育。要用高品位、高格调、有担当的文艺作品抵制低俗、庸俗、媚俗，温润人们心灵、启迪人们心智、引领社会风尚，不断加强爱国主义、集体主义、社会主义教育，推进新时代公民道德建设。

（《人民日报》2019 年 12 月 16 日）

以审美教育促进公民道德建设

以道德情感培育推进公民道德建设

北京航空航天大学　　谢惠媛

为进一步加强公民道德建设，提高全社会道德水平，中共中央、国务院于近日印发了《新时代公民道德建设实施纲要》（以下简称《纲要》）。该《纲要》立足新时代，聚焦新问题，提出新要求，为推动全民道德素质和社会文明程度达到新高度提供了重要指导。

与中共中央 2001 年 9 月 20 日印发实施的《公民道德建设实施纲要》相比，新发布的《纲要》具有诸多亮点和创新。其中，承认和强调道德情感在公民道德建设过程中的重要作用尤为值得关注。《纲要》不仅要求"激发人们形成善良的道德意愿、道德情感"，而且要求"组织开展群众性主题实践活动，丰富道德体验、增进道德情感"，推动道德实践养成。这一创新既拓宽了道德理论内涵，也延展了道德践行维度，既符合社会发展实际需要，也反映相关学科发展最新成果。具体而言，对道德情感的承认与重视有坚实的学理支撑。

从哲学的角度来看，道德情感具有智性的一面，在道德生活中具有根本意义。针对理性主义把情感视为非（反）理性进而忽视、贬低或否定情感等做法，当代研究者一方面重新诠释了包括道德情感在内的情感本质，确认了情感与理性的密切关联；另一方面建构起"道德情感主义"理论，强调移情与道德在利他特征上的一致性，凸显移情能力在形成道德判断、确认道德义务与从事道德活动过程中的关键作用。这反映了道德情感并非盲目的，而是具有目的性、意向性和价值性。对此，可通过激发同情和爱等道德情感来引导信念和行为，疏解与转化愤怒和恐惧等消极情感，发挥其维护社会公平正义的正面作用。

相关学科的前沿研究成果在很大程度上说明了，公民道德水平的提升离不开道德情感的培育。就道德实践而言，应注重价值引领与文化涵育，结合交互性与艺术性等多个维度，激发与培育道德情感，使人们自觉把社会道德规范内化于心、外化于行。

道德情感培育要坚持价值引领。情感生成与价值引领具有内在关联。一方面正向情感体现为对事物具有价值的心理确认，是价值观形成的基础；另一方面价值观规约情感的生成及其表达，进而影响道德判断与道德实践。故而，应当以正确的价值观引领道德情感的培育。作为全体人民共同价值追求的体现，社会主义核心价值观具有强大的道义力量，是明德修身、立德树人的根本遵循。正如习近平总书记指出："核心价值观，其实就是一种德，既是个人的德，也是一种大德，就是国家的德、社会的德。"因此，应以社会主义核心价值观塑造情感，把社会主义核心价值观融入社会发展各方面，转化为人们的情感认同和行为习惯，从而使国家、社会和个人层面的价值要求始终贯穿于道德情感培育的各个环节，保证道德建设的方向性与实效性。

道德情感培育要注重文化涵育。情感滋养与文化涵育相辅相成。情感使文化积淀更具温度，使人们在文化记忆中产生思想激荡与升华，而文化也能使情感体验更具厚度，使人们在情感认同中获得思想鼓舞与教育。优秀的文化能感染人、激励人、涵养人。习近平总书记说："中华文化既坚守本根又不断与时俱进，使中华民族保持了坚定的民族自信和强大的修复能力，培育了共同的情感和价值、共同的理想和精神。"因此，应在挖掘传统美德与阐发中华优秀传统文化蕴含的思想理念的基础上，增进人们对文化经典、历史遗存和文物古迹的了解，深化对古圣先贤、民族英雄和志士仁人嘉言懿行的理解。与此同时，还应结合经典诵读与历史展播等方式，借助全息互动投影或文物数字化等现代技术，让他们获得身临其境般的感受，激发其生成向善、学善的道德情感。

道德情感培育要强调交互共识。人与人之间的交流与交往是确立情感认同的必要途径。诚如巴特森（D.Batson）指出，个体的情感反应既是对自身与他人之道德关联的确认，也需要通过道德关联加以强化。鉴于此，公民道德建设不能单靠个体或某些群体的努力，而要发挥全体人民的合力共同推进，要在相互交往基础上形成情感辐射，达成道德共识。一方面应尊重不同个体情感体验的独特性；另一方面应强调情感交流，以有针对性和有情怀的方式，通过讲述身边人、身边事拉近思想距离，通过推选道德模范形成情感认同并触动心灵，从而培养见贤思齐的进取精神。与此同时，还应通过组织开展形式多样的志愿活动和公益活动，让人们在与帮扶对象等的互动中滋养道德情感，强化友爱、互助和奉献精神，坚定"我为人人、人人为我"的信念，从而更积极自觉地行善扬善。

道德情感培育要重视艺术共鸣。艺术是承载情感、表达情感与熏陶情感的重要方式，能潜移默化塑造受众的道德品格。通过比较芝加哥大学不同时期的建筑风格，纳斯鲍姆（M.Nussbaum）指出，感官艺术既能培养同情心，也能滋生恐惧、愤怒或嫉妒，进而促进或妨碍个体形成正义感。因此，应当重视发挥优秀艺术作品的正面感染力和感召力，借助叙事修辞、文学作品、戏剧音乐、建筑绘画等多种艺术表现形式，讲好中国故事，培育合宜的道德情感，改善人际关系，营造良好氛围，缓解社会矛盾，维护稳定和谐。

《纲要》对道德情感的强调为公民道德建设提供了新的理论视域和实践路径。因此，应重视与发挥道德情感的作用，增进道德实践的温度，让道德观念成为自觉追求，让道德规范成为自觉遵循，让道德行为成为自觉需要。

（《中国教育报》2019 年 11 月 28 日）

新时代加强
网络空间道德建设的着力点

天津工业大学　　邓　鹏

近日，中共中央、国务院印发《新时代公民道德建设实施纲要》，就抓好网络空间道德建设提出指导意见和举措，这是新时代抓好网络空间道德建设的纲和本，引导我们的着力维度。

第一，深入实施网络内容建设工程。再好的传播都是对内容的传播，网络道德建设要坚持"内容为王"原则。网络具有技术先进、传播速度快、覆盖面广泛等特征，在满足网民日常交往需要的同时，也是泥沙俱下、良莠不齐，充斥着信息污染、网络失信、网络犯罪等方面内容，甚至出现"劣币驱逐良币"现象，网络空间内容亟待进一步改善和优化。要改善网络文化生态，推动构建以马克思主义为灵魂，能够弘扬社会主义核心价值观，传承中华优秀传统文化、革命文化和社会主义先进文化的主旋律高昂、正能量满满的网络文化。要结合网络作品创作特点和传播规律，根据新时代人民对美好生活的向往，深化网络空间供给侧结构性改革，深化对网络作品的存量结构改革、增强增量供给能力，创作更多以网络小说、影视、短视频、戏剧、游戏、动漫等立意高远、内容丰富、形式鲜活的网络文化作品，让其在网络空间的"报、网、屏、端"上广为传播，使理论科学、舆论正确、精神高尚的优秀作品充斥网络空间，经久不息。要强化网络空间舆情监测和舆论引导。对网络热点和突发事件要坚持实事求是的态度，借助网络融媒体传播平台及时准确发布权威信息，澄清事实、解疑释惑、正面引导，让具有正确道德和价值取向的网络话语成为网络主流话语，旗帜鲜明地亮剑发声，巩固网络中红色地带，打压网络中的黑色地带，转化网络中灰色地带，壮大马克思主义主流意识形态的话语权，引领网络话语场的舆论走势，惩恶扬善、扶正祛邪、正本清源、激浊扬清，培育积极健康向上的网络文化氛围。

第二，强化网络主体网络道德自律。自律概念中的"自"强调自由是道德的前提，高扬了道德的主体性，为了使个人的自由不致损害他人的自由，更好维护人的自由主体性，每个人都应该为自己的自由承担相应责任。为此，在网络空间里，要结合《新时代公民道德建设实施纲要》相关规定，制定完备的网络主体行为的道德准则和文明条例，明确网络主体的对错、是非观念，推动网络主体形成正确的网络道德规范，即网络主体行为要避免伤害他人、尊重他人知识产权和隐私权、保证信息发布真实性，发挥好网络道德规范的调节功能、评判功能、保护功能和教育功能。自律概念中的"律"，可以理解为法律。法律是道德的底线，要推动依法办网，强化对网络从业人员、网络机构、传播平台履行主体责任、承担社会责任、依法依规经营的监督和管理，对制作和传播"三俗"、不良、有害信息的不端和非法行为要加强打击力度，让网络道德和文明成为带电高压线。自律概念中的"律"，可以理解为良知，良知是每个人的自律，没有良知就无法做到有道德。为此，要加强对网民的网络素养的教育和培训，丰富教育培训的方式方法，积极引导网民树立正确的用网和上网的道德观念，教育引导广大网民在网络空间不人云亦云和随波逐流，学会理性表达观点、传播信息，自觉远离不良网站和网络信息，自觉做良好网络道德秩序的参与者和维护者，凝聚起网络空间道德正能量的合力。

第三，丰富网络道德实践的新场域。网络具有万物互联特征，是现实社会在网络空间的延伸，人们以"符号"身份，可以在"不在场"情况下交往，放大了人的生存和活动空间，也为人的现实的道德实践开辟了广阔网络实践场域，创造了无限可能。要加强对网络公益组织的支持、网络公益活动的引导、网络公益事业的发展，形成线上线下融合的网络公益事业发展新格局。要加强对网络公益事业宣传力度，让更多网民通过日常点滴行动参与到网络公益事业中去，壮大网络公益事业的队伍和力量。要创新网络公益事业的方式方法，积极探索"互联网＋扶贫""互联网＋解救拐卖儿童""互联网＋捐赠"等"互联网＋"型的网络公益模式，让充满正能量的孝行善举、人间大爱在网络空间全覆盖、无遗漏，把人性善端在网络空间充分激发好、践行好。

第四，加强互联网空间的综合治理。意识形态领域是一个没有硝烟的战场，我们不去占领主流阵地，就会被别有用心的人利用，加强互联网空间治理刻不容缓。在管网、治网方面要坚持问题导向原则，敢于动真碰硬、真刀真枪地干，对问题不掩盖、不绕行，对苗头性、倾向性问题要及时监测预警、分析研判，拿出切实可行的应对之策，把问题彻底解决好。政府要加强对互联网管理，要依法依规对各类网络社交平台、公众账号、网络新技术，特别是传播力和影响力巨大的平台要进行登记备案，摸清底数。要完善网络的信息筛查机制、纠察机制、用语分级机制、道德评估机制，构筑起网络空间"道德防火墙"，用科学有效管理体制维护好网络空间道德秩序。要针对网络中道德失范行为进行专项行动，对网络谣言、低俗、欺诈、犯罪等行为要依法依规打击，猛药去疴，重典治乱，下重拳惩治网络暴力、网络违法乱纪等行为，加大制作网络不良信息和从事违法行为的经济成本、道德成本、法律成本，全方位营造风清气正的网络空间。

（光明网 2019 年 10 月 30 日）

新时代加强网络空间道德建设的着力点

新时代公民道德建设的
鲜明价值指引

广西社会科学院　谢平安

在决胜全面建成小康社会、开启全面建设社会主义现代化国家新征程的重要节点，党中央、国务院把握时代脉搏、顺应发展大势，颁布印发《新时代公民道德建设实施纲要》（以下简称《纲要》），在公民道德建设理论和实践上都有许多新突破，彰显了强大的思想力量，体现了鲜明的时代特征，提供了根本的价值指引，是新时代促进社会全面进步与人的全面发展、推动公民道德素质迈上新台阶、培养担当民族复兴大任时代新人的重要遵循和行动指南。

坚持与时俱进，奏响新时代公民道德建设的崭新乐章。自 2001 年《公民道德建设实施纲要》实施以来，广大人民群众的精神风貌、道德水准明显提升，道德领域总体上呈现出向善向上的良好态势。然而，随着世情国情党情的深刻变化，一些新的道德问题陆续出现，亟待引起重视和解决。《纲要》坚持问题导向，紧紧围绕培养什么样的人、怎样培养人这一主要任务，鲜明回答了什么是新时代的公民道德、如何建设新时代的公民道德等一系列重大问题，顺应了发展大势、回应了社会关切，标志着我们党对公民道德建设规律的认识达到新高度。

坚持敦本务实，为新时代公民道德建设提供基本遵循。《纲要》以习近平新时代中国特色社会主义思想为指导，全面科学把握了新时代社会主义市场经济条件下公民道德建设的工作规律，特别提出了"六个坚持"的总体要求、四个方面的重点任务，既彰显深厚的传统文化底蕴，又赋予鲜明的时代特征，从教育引导、实践养成、网络空间道德建设、制度保障、组织建设等方面，细化完善 23 项具体举措，突出针对性、操作性和实效性，有助于指引不同社会成员把正确的道德认知、自觉的道德养成、积极的道德实践紧密结合起来，不断修身立德，打牢道德根基。

坚持守正创新，为新时代公民道德建设树立鲜明标杆。就"守正"而言,《纲要》全面继承了 2001 年《公民道德建设实施纲要》的主要内容与观点,包括党对公民道德建设的领导和把社会公德、职业道德、家庭美德、个人品德作为公民道德建设的着力点等。就"创新"而言,《纲要》充分运用习近平总书记关于公民道德建设重要论述中的新思想新观点新要求,全方位拓展道德建设的范畴和外延,涵盖理想信念、民族精神、时代精神、生态文明、制度保障等诸多内容,并专辟一章强调网络道德滋养人心、凝聚力量的重要作用,实现多方面的开拓创新与转型升级,体现了以习近平同志为核心的党中央对形势变化、社会变迁的深刻认识,赋予了适应新时代要求的鲜活内容,展现了极强的实践性和创新性特点。

党的十八大以来,广西紧紧围绕举旗帜、聚民心、育新人、兴文化、展形象的使命任务,充分发挥革命老区、民族地区、边境地区、沿海地区的地域优势,广泛开展以理想信念教育、爱国主义教育为主题的各类活动,深入推进思想道德建设,在提升公民思想觉悟、道德水准和社会文明程度等方面取得了显著成效。《纲要》的出台,是推动新时代广西公民道德建设工作再出发的动员令。只有以高度自觉抓好《纲要》的贯彻落实,推动社会主义精神文明建设活动蓬勃开展,才能为建设壮美广西、共圆复兴梦想汇聚起强大的精神力量和有力的道德支撑。

以理想信念为灯，照亮砥砺奋进之路。习近平总书记指出："理想信念之火一经点燃，就永远不会熄灭。"崇高的理想信念是共产党人的精神支撑，是新时代公民道德建设的坚实基础。一方面，通过广泛开展以革命文化、革命精神为主题的爱国主义教育活动，充分挖掘和运用百色起义、龙州起义、湘江战役等红色文化精神，用好用活广西丰富的红色资源，传承好红色基因，引导广大干部群众从中汲取道德滋养，进一步筑牢思想根基。另一方面，通过支持创作更多富有感染力、引导力、影响力的文艺作品，把当代社会的主流展示好，把人民群众的心声反映好，高扬主旋律，唱响正气歌，凝聚正能量，让理想信念的明灯照亮建功新时代的奋进之路。

以核心价值观为魂，筑牢道德建设之基。推动新时代公民道德建设离不开社会主义核心价值观的引领。习近平总书记指出："核心价值观，其实就是一种德，既是个人的德，也是一种大德，就是国家的德、社会的德。国无德不兴，人无德不立。"社会主义核心价值观是当代中国全体人民价值观念上的最大公约数，具有强大的引导力、感召力、凝聚力。一方面，积极选树宣传"八桂楷模""广西工匠""见义勇为标兵"等先进模范，以生动的典型实例促进社会主义核心价值观的弘扬和培育，进而把国家、社会、个人层面的价值要求贯穿到道德建设各方面、各领域、全过程，让修品德、讲道德、守公德、扬美德在八桂大地蔚然成风。另一方面，广泛开展以"先进模范进高校、进社区、进农村"主题报告会、"道德模范故事会"巡演等活动，以"身边的典型"引导人们树立文明观念、养成良好习惯，弘扬真善美、贬斥假恶丑，推动社会主义核心价值观入脑入心，使其内化为人们的精神追求和行动自觉。

以法治与德治为轮，汇聚国家治理之力。新时代公民道德建设是一项复杂的系统工程，不可能一蹴而就、一劳永逸，既需要激发向善向上的道德力量，更需要彰显惩恶扬善的法治力量。习近平总书记指出："法律是成文的道德，道德是内心的法律。"法律和道德之间是互相衔接、互为促进的有机统一整体，不存在泾渭分明的界线，犹如鸟之两翼、车之两轮，相辅相成、协同发展。一方面，通过强化法律的约束力和权威性来深化道德领域突出问题治理，充分彰显法治的刚性规范；另一方面，坚持把道德导向贯穿法治建设全过程，促进立法、执法、司法更多体现道德要求，夯实法治的道德支撑，引导和规范人们的行为，强化准则意识和律己意识，做到心有所戒、行有所止，自觉抵制歪风邪气，持续强化道德认同，提升道德认知，促进形成良好的社会道德风尚。

（《广西日报》2019 年 11 月 30 日）

谱写公民道德建设的新篇章

中国儿童中心　王秀江

近日，中共中央、国务院印发《新时代公民道德建设实施纲要》（以下简称《纲要》），进一步明确新时代公民道德建设的总体要求、重点任务，对新时代公民道德建设作出了全面部署。这是新时代社会主义精神文明建设的又一重大举措，翻开了新时代公民道德建设新的一页，必将为全国各族人民走好新时代长征路提供源源不断的精神动力和道德滋养，为实现"两个一百年"奋斗目标凝聚起磅礴的强大能量。

《纲要》是新时代公民道德建设的纲领性文件，有着提纲挈领的作用，要深刻领会指导思想，牢牢把握重点着力点，推动公民道德建设见实效，让近14亿新时代的追梦人书写公民道德建设的新篇章。

学深悟透习近平新时代
中国特色社会主义思想的"道德篇"

习近平总书记示范引领，率先垂范，多次宣示道德立根塑魂、正本清源的重大作用，关心关爱道德模范，营造全社会尊崇模范、学习模范、礼遇模范的浓厚氛围。他先后作出一系列重要论述，形成道德建设的新思想新观点新要求，构筑起习近平新时代中国特色社会主义思想的"道德篇"。《纲要》充分体现了习近平总书记的这些思想，并发挥思想的指导作用，转化为指导实践、推动工作的思想主线和灵魂。

习近平总书记多次强调道德的重要性，论述道德对于人的根本意义。他指出，精神的力量是无穷的，道德力量也是无穷的。在同北京大学师生座谈时指出，道德之于个人、之于社会，都具有基础性意义，做人做事第一位的是崇德修身。习近平总书记在山东考察时指出，国无德不兴，人无德不立。必须加强全社会的思想道德建设，激发人们形成善良的道德意愿、道德情感，培育正确的道德判断和道德责任，提高道德实践能力尤其是自觉践行能力，引导人们向往和追求讲道德、尊道德、守道德的生活，形成向上的力量、向善的力量。这些重要讲话揭示了道德所发挥的认识功能、教育功能、社会评价功能，为我们开展道德建设提供了理论指导。

习近平总书记对社会主义核心价值观与公民道德建设的关系、公民道德建设的基本内容也作出过许多重要论述。他指出，核心价值观其实就是一种德，既是个人的德，也是一种大德，就是国家的德、社会的德。核心价值观是一个民族赖以维系的精神纽带，是一个国家共同的思想道德基础。要培育和践行社会主义核心价值观，培养能够担当民族复兴大任的时代新人。他还强调，要继承和弘扬我国人民在长期实践中培育和形成的传统美德，坚持马克思主义道德观、坚持社会主义道德观，让每个人都成为传播中华美德、中华文化的主体。大力加强社会公德、职业道德、家庭美德、个人品德建设，营造全社会崇德向善的浓厚氛围。此外，习近平总书记对党员干部提出要讲政德，明大德、守公德、严私德的要求，对广大青少年提出加强道德修养、注重道德实践，扣好人生第一粒扣子的殷切期望。这些重要论述立意高远、内容丰富、思想深刻，科学把握了新时代公民道德建设规律，构成了习近平新时代中国特色社会主义思想的"道德篇"，我们在贯彻落实

《纲要》时，一定要深刻领会其精髓实质，再学习再领悟再提高再落实。

着力为培育和造就时代新人筑基铸魂

党的十八大以来，以习近平同志为核心的党中央高度重视公民道德建设，作出一系列重要部署，推动思想道德建设取得显著成效，道德领域呈现积极健康向上的良好态势。在 2019 年庆祝新中国成立 70 周年系列活动中，全国各族人民表现出的爱国情感朴素而炽热，全社会团结一致、奋发昂扬，民族自信心和自豪感进一步增强，展示了我国公民道德建设所取得的丰硕成果。取得这些成就的关键在于习近平总书记根据世情国情社情民意的变化，适应完成"两个一百年"奋斗目标进而实现中华民族伟大复兴中国梦的伟大召唤，向全社会提出培育和造就担当民族复兴大任的时代新人的更高目标要求。《纲要》再次明确，新时代公民道德建设必须聚力培养担当民族复兴大任的时代新人，不断提升公民道德素质，促进人的全面发展。

担当民族复兴大任的时代新人，必须是在思想水平、政治觉悟、道德品质、文化素养、精神状态等方面同新时代要求相符合的。这些方面的内容要求是公民道德的根基和灵魂，必须立德固本，追本溯源。在思想道德、政治觉悟建设方面，要坚持正确方向，始终保持公民道德建设的社会主义方向，坚持马克思主义道德观、社会主义道德观，倡导共产主义道德，以为人民服务为核心，以集体主义为原则，以爱祖国、爱人民、爱劳动、爱科学、爱社会主义为基本要求，筑牢理想信念之基。在道德品质、精神状态塑造方面，要坚持培育和践行社会主义核心价值观，将国家价值目标、社会价值准则和公民价值规范有机融入公民道德建设各方面、全过程，更好发挥引领作用，以主流价值建构道德规范、强化道德认同、指引道德实践。在文明素养养成方面，要坚持在继承传统中创新发展，自觉传承中华传统美德，继承我们党领导人民在长期实践中形成的优良传统和革命道德，积极推动创造性转化、创新性发展，充分彰显其时代价值和永恒魅力，使之与现代文化、现实生活相融相通，成为全体人民精神生活、道德实践的鲜明标识。

以有效管用的措施手段提升公民道德建设实效

公民道德建设是一项长期深入持久的工程，需要切实细致、有效治理的手段措施加持。道德高度自觉离不开教育引导，道德素养养成需要丰富道德实践，道德风尚形成需要制度保障。

深化道德教育引导，应从人成长发展的学校、家庭、社会入手，发挥各方面资源渠道优势，把立德树人贯穿学校教育全过程，用良好的家风家教涵育道德品行，以先进模范引领道德风尚，以正确舆论营造良好道德环境，以优秀文艺作品陶冶道德情操，发挥各类阵地道德教育作用，此外要抓好党员干部、青少年、社会公众人物等重点群体的教育引导。网络空间道德建设是新时代必须突出抓好的重点任务，要加强网络内容建设，培养文明自律网络行为，建立和完善网络行为规范，丰富网上道德实践，营造良好网络道德环境，严格依法管网治网，强化网络综合治理，促进网络空间日益清朗。

道德建设既要靠教育倡导，也要靠道德实践和有效治理。推动道德实践养成，应充分利用多年来探索形成的各种精神文明创建和道德实践活动，比如弘扬时代新风行动、诚信建设、学雷锋志愿服务、移风易俗行动等，还要注重发挥礼仪礼节的教化作用，积极践行绿色生产生活方式，在对外交流交往中展示文明素养。发挥制度保障作用，要综合施策、标本兼治，强化法律法规保障，彰显政策价值导向，发挥社会规范约束引导作用，有力惩治失德败德、突破道德底线的行为，组织开展道德领域突出问题专项治理，不断净化社会文化环境。

（《经济日报》2019 年 11 月 14 日）

崇德向善的

引领

责任编辑：余　平
封面设计：石笑梦
版式设计：周方亚
责任校对：余　佳

图书在版编目（CIP）数据

崇德向善的引领：新时代公民道德建设理论文章汇编／
　中共中央宣传部宣传教育局 编 .—北京：人民出版社，2020.7
ISBN 978－7－01－022223－3

I. ①崇…　II. ①中…　III. ①公民教育－社会公德教育－中国－文集
　IV. ① D648.3-53

中国版本图书馆 CIP 数据核字（2020）第 102207 号

崇德向善的引领

CHONGDE XIANGSHAN DE YINLING

——新时代公民道德建设理论文章汇编

中共中央宣传部宣传教育局　编

人 民 出 版 社 出版发行

（100706　北京市东城区隆福寺街 99 号）

北京尚唐印刷包装有限公司印刷　新华书店经销

2020 年 7 月第 1 版　2020 年 7 月北京第 1 次印刷
开本：710 毫米 ×1000 毫米 1/16　印张：10.5
字数：90 千字

ISBN 978－7－01－022223－3　定价：27.00 元

邮购地址 100706　北京市东城区隆福寺街 99 号
人民东方图书销售中心　电话（010）65250042　65289539